C.H.BECK WISSEN

in der Beck'schen Reihe

Franziskus von Assisi (1181/82–1226) gehört zu den bekanntesten und beliebtesten mittelalterlichen Heiligen. Durch sein berühmtes „Sonnenlied" und seine Predigt an die Vögel gilt er vielen als der Begründer eines völlig neuen, brüderlichen Verhältnisses zur Natur. Helmut Feld beschreibt anschaulich das Leben des Franziskus und führt in seine religiöse Vorstellungswelt vor dem Hintergrund der geistigen und politischen Situation in der ersten Hälfte des 13. Jahrhunderts ein. Zahlreiche Zitate aus zeitgenössischen Lebensbeschreibungen in gut verständlichen Übersetzungen tragen zu einem lebendigen, neuen Bild des Heiligen bei.

Helmut Feld ist Honorarprofessor für Historische Theologie an der Universität des Saarlandes, Wissenschaftlicher Mitarbeiter am Institut für europäische Geschichte in Mainz und Mitglied der internationalen Kommission zur Herausgabe der Werke J. Calvins. Durch zahlreiche Veröffentlichungen, insbesondere „Franziskus von Assisi und seine Bewegung" (1994), ist er als einer der besten Franziskus-Kenner ausgewiesen.

Helmut Feld

FRANZISKUS VON ASSISI

Verlag C.H.Beck

Mit 2 Karten

1. Auflage. 2001
2., durchgesehene Auflage. 2007

3. Auflage. 2013

Originalausgabe

Satz, Druck u. Bindung: Druckerei C.H.Beck, Nördlingen
Umschlagentwurf: Uwe Göbel, München
Printed in Germany
ISBN 978 3 406 44770 9

www.beck.de

Inhalt

Abkürzungen

CCCM	Corpus Christianorum, Continuatio Mediaevalis (in Turnhout erscheinende Reihe der kritischen Editionen mittelalterlicher Kirchenschriftsteller)
I Cel	erste Lebensbeschreibung des Thomas von Celano
II Cel	zweite Lebensbeschreibung des Thomas von Celano
III Cel	Traktat über die Wunder des Franziskus des Thomas von Celano
Ep.	Epistola: Brief
Leg. mai.	Legenda maior: Größere Lebensbeschreibung des Bonaventura von Bagnoregio
Leg. Per.	Legenda Perusina oder Compilatio Assisiensis
Spec. perf.	Speculum perfectionis
3 Soc	Legenda trium Sociorum: Drei-Gefährten-Legende

Vorwort

Dieses Buch bietet einen knappen Überblick über das Leben des Franziskus von Assisi und führt zugleich in sein religiöses Weltbild vor dem Hintergrund seiner Zeit ein. Da es sich aber bei der religiösen Weltvorstellung des Franziskus und der geistigen Welt des 13. Jahrhunderts um komplexe historische Phänomene handelt, bringt die gebotene Kürze notwendig auch einen gewissen Mangel an Präzision mit sich. Wer also über historische Erscheinungen, wie die mittelalterlichen Armutsbewegungen und das Katharertum, oder theologische Komplexe, wie die Erlösungslehre, ausführlichere Informationen sucht oder in ein vertieftes Studium darüber eintreten möchte, der ist auf den Weg der Suche nach den Begriffen und Sachen zuerst in Nachschlagewerken, dann in der Literatur, schließlich in den Quellen selbst angewiesen.

Wie in meinem Buch „Franziskus von Assisi und seine Bewegung" (1994) geht es auch hier neben der äußeren Biographie vor allem um ein geistiges Profil des Heiligen, um den „Denker" Franziskus. Denn was sich in seinen Visionen und Bildvorstellungen zeigt, sind Äußerungen religiösen Denkens. Es handelt sich dabei jedoch nicht um ein Denken nach Art der Schultheologie oder der Philosophie, vielmehr um ein (dichterisches) Meditieren über Gott und Welt, das in sehr tiefe Dimensionen hineinreicht.

Die so gewonnenen Erkenntnisse hat Franziskus seiner engeren Umgebung und der christlichen Gesellschaft seiner Zeit weniger durch das gesprochene Wort, auf dem Wege der Predigt, als vielmehr durch schauspielerisch inszenierte Zeichenhandlungen nahezubringen versucht. Ein glaubwürdiges Bild von seiner geistigen Gestalt kann deshalb nur entstehen, wenn seine Visionen und Darstellungen, aber natürlich auch die schriftlichen Zeugnisse von ihm und über ihn – in Abgrenzung von tendenziösen Verformungen, die bereits wenige Jahre nach seinem Tode einsetzten, sachgemäß interpretiert werden.

Für gesprächsweise gegebene wertvolle Anregungen danke ich meinem Freund Dr. Karl Stoiber (Linz a. d. Donau); ebenso Dr. Ulrich Nolte vom Verlag C. H. Beck, der mir ein verständiger Berater und Lektor war.

Mössingen, im Januar 2001 *H. F.*

1. Die Quellen zum Leben des Franziskus

Es gibt nur wenige Persönlichkeiten des Altertums und des Mittelalters, deren Leben und Wirken quellenmäßig so gut dokumentiert ist wie das des Franziskus von Assisi. Er selbst hat nicht wenige Schriften hinterlassen, die sein Lebensideal und seine religiöse Vorstellungswelt erhellen, und innerhalb der ersten hundert Jahre nach seinem Tod sind mehrere ausführliche Lebensbeschreibungen (so genannte „Legenden") entstanden. Mit der äußeren Fülle des Quellenmaterials ist jedoch nicht zugleich der Zugang zu der geistigen Welt des Franziskus erleichtert. Ein Großteil der älteren Lebensbeschreibungen wurde im Auftrag der Kirchen- oder Ordensleitung abgefaßt: Sie sind Hagiographien im engeren Sinne und wollen von Franziskus das Bild eines rechtgläubigen, kirchenkonformen Heiligen und großen Wundertäters vermitteln.

Das gilt schon für die erste ausführliche „Biographie", die der aus Celano in den Abruzzen stammende Bruder Thomas im Auftrag des Papstes Gregor IX. gleich nach der Heiligsprechung des Franziskus (16. Juli 1228) in Angriff nahm (I Cel). In Assisi verfaßte Thomas dann in den Jahren 1246–1247 im Auftrag des damaligen Generalministers Crescentius von Jesi eine zweite Lebensbeschreibung des Heiligen (II Cel). Vorausgegangen war die Bitte der Ordensleitung an alle Brüder, die den Ordensstifter noch persönlich gekannt hatten, ihre Erinnerungen aufzuschreiben und einzusenden. Dieses Material diente Thomas von Celano als Grundlage bei der Abfassung seiner zweiten Legende. Im Auftrag des Generalministers Johannes von Parma hat Thomas dann in den Jahren 1252–1253 noch eine Sammlung der Wundertaten des Heiligen aufgezeichnet (III Cel).

Die letzte der so genannten „offiziellen" Biographien des Franziskus ist die „Legenda maior" des heiligen Bonaventura, die 1263 abgeschlossen wurde. Bonaventura, seit 1257 Ordensgeneral, ließ seine Legende auf dem Generalkapitel des Franziskanerordens, das zu Pfingsten 1266 in Paris tagte, zur einzig legitimen und geduldeten Lebensbeschreibung des Franziskus innerhalb und außerhalb des Ordens erklären; alle älteren Legenden mußten vernichtet werden. Dieser verhängnisvolle Beschluß hatte zur Folge, daß das von Bonaventura geprägte Franziskus-Bild in der Katholischen Kirche und darüber hinaus – im Grunde bis auf den heutigen Tag – maßgebend blieb.

Im Gegensatz zu den erwähnten „offiziellen" Franziskus-Biographien enthalten die nicht-offiziellen Legenden viele wertvolle Erinnerungen der Gefährten des Franziskus an dessen Persönlichkeit und die ursprüngliche Gestalt der franziskanischen Bruderschaft. An erster Stelle ist hier die heute als „Drei-Gefährten-Legende" bezeichnete Lebensbeschreibung zu nennen (3 Soc). Ihren (irreführenden) Namen verdankt sie der Tatsache, daß mit ihr zusammen ein auf den 11. August 1246 datierter Brief überliefert ist, den drei der Gefährten des Franziskus, die Brüder Leo, Angelus und Rufinus, an den Generalminister Crescentius von Jesi richteten. Wie aus dem Inhalt des Briefes hervorgeht, handelt es sich um das Begleitschreiben zu den gesammelten Erinnerungen, die an die Ordensleitung übersandt worden waren. Der Autor der „Drei-Gefährten-Legende" ist unbekannt; ihre Datierung ist in der Forschung umstritten. Einige Forscher glauben in dieser Legende die Veränderung der geschichtlichen Fakten unter dem Einfluß einer längeren mündlichen Überlieferung zu erkennen; der Verfasser gebe die Vorstellungen über die Frühzeit der Bewegung wieder, die sich manche Kreise im Orden *nach Bonaventura,* gegen Ende des 13. Jahrhunderts, machten. Es überwiegen jedoch die Gründe, die für eine Frühdatierung der Legende sprechen. Wie aus zahlreichen Einzelvergleichen hervorgeht, hat Thomas von Celano sie bei der Abfassung seiner zweiten Legende benutzt. Sodann gibt es in der „Drei-Gefährten-Legende" Aussagen, die nur durch eine genaue Kenntnis des Verfassers von den Verhältnissen in der frühesten Zeit der franziskanischen Bewegung zu erklären sind. Manche der in ihr festgehaltenen Traditionen scheinen sogar älter als die entsprechenden Passagen in der ersten Lebensbeschreibung des Thomas von Celano zu sein. Die „Drei-Gefährten-Legende“ in ihrer gegenwärtigen Form wurde wohl nach dem Tode Bernhards von Quintavalle (ca. 1242–1245) abgeschlossen, da von ihm zweimal als einem bereits Verstorbenen die Rede ist (3 Soc 1. 27).

Neben den genannten ist noch eine Gruppe von Legenden überliefert, die in ihrer jetzigen Gestalt gegen Anfang des 14. Jahrhunderts niedergeschrieben wurden. Sie vermitteln jedoch, vor allem aufgrund der in ihnen überlieferten Augenzeugenberichte, nicht selten ein zuverlässigeres Bild der geistigen Welt des ältesten Franziskanertums, als es die offiziellen Legenden bieten. Den zweifellos ersten Rang, was die Zuverlässigkeit der Überlieferung betrifft, in dieser Gruppe der Legenden nimmt die um 1310 niedergeschriebene „Legenda Perusina“ (Legende von Perugia: so genannt nach ihrem langjährigen Aufbewahrungsort) oder „Compilatio Assisiensis“ (Zusammenstellung von Assisi: nach ihrem Entstehungsort) ein. Daneben sind zwei Versionen des „Speculum perfectionis“ (Spiegel der Vollkommenheit) erhalten, deren ausführlichere heute von der Forschung auf das Jahr 1318 datiert wird. Der französische Protestant Paul Sabatier, der das „Speculum perfectionis“ in mehreren Handschriften entdeckte und 1898 zum ersten Mal edierte, hielt es für ein bereits 1227 verfaßtes Werk des Bruders Leo und damit für die „älteste Franziskuslegende“ überhaupt. Wenngleich diese Auffassung nicht zu halten ist, so wird in der Forschung doch, seit den bahnbrechenden Untersuchungen von Raoul Manselli (1980), zunehmend der hohe Wert und die historische Zuverlässigkeit der in den genannten Sammlungen enthaltenen Traditionen erkannt. Sie enthalten die authentischen Erinnerungen an Franziskus, welche Bruder Leo und die anderen Gefährten („nos qui cum eo fuimus“) um 1244 gesammelt hatten. Mit großer Wahrscheinlichkeit hat die „Legenda Perusina“ die ältere Textform und wohl auch die ursprüngliche Anordnung der Kapitel bewahrt. Mit der Betonung des Wertes der in den nicht-offiziellen Legenden enthaltenen Traditionen gegenüber offiziellen Lebensbeschreibungen soll keineswegs bestritten werden, daß auch die Erinnerungen der Gefährten des Franziskus tendenziös sind. Letzteres gilt sogar für die authentischen Schriften des Franziskus selbst: Auch er hat sich selbst inszeniert und an seiner eigenen Legende gestrickt. Deshalb kann sein wichtigstes autobiographisches Dokument, sein geistliches Vermächtnis (das so genannte „Testament"), nicht einfach als Basisdokument und Meßlatte für die übrigen Quellen genommen werden.

Alter, gegenseitige Abhängigkeit, historische Zuverlässigkeit und Vertrauenswürdigkeit der einzelnen Lebensbeschreibungen sind Gegenstand der wissenschaftlichen Auseinandersetzungen, die unter der Bezeichnung „Franziskanische Frage" in die Geschichte der Forschung eingegangen und bis heute nicht abgeschlossen sind.

Da die hauptsächlichen religiösen Ideen des Franziskus und des frühen Franziskanertums hinsichtlich ihrer Rechtgläubigkeit nicht unbedenklich waren und von manchen Zeitgenossen als gefährlich angesehen wurden, werden wichtige Informationen oft in andeutender, umschreibender, verhüllender Form wiedergegeben oder auch in beredter Weise verschwiegen. Daraus hat sich in den franziskanischen Quellen eine regelrechte literarische Technik, die „Technik der verdeckten Mitteilung", entwickelt. Sie bietet für eine sachgerechte Interpretation nicht geringe Schwierigkeiten. Viele der in der Forschung ausgetragenen Kontroversen beruhen auf einer unterschiedlichen Wertung der Quellen, andere auf unterschiedlichen Methoden des Zugangs zu den überlieferten Texten. Immer häufiger ist leider auch mangelnde Kenntnis der lateinischen Sprache im Spiel.

2. Mittelitalien um 1200

Die mittelitalienische Landschaft Umbrien mit den größeren befestigten Städten Gubbio, Perugia, Assisi, Foligno und Spoleto war im 12. Jahrhundert, staatsrechtlich gesehen, Reichsgebiet. Größere politische Einheit war das Herzogtum Spoleto, zu dem Assisi bis 1160 gehörte. In diesem Jahr trennte der Kaiser Friedrich Barbarossa (1152–1190) die Grafschaft Assisi von dem Herzogtum ab, um sie sich selber unmittelbar zu unterstellen. Zusammen mit anderen Städten Umbriens und der Marken empörte sich Assisi, wie davor schon die lombardischen Städte, gegen die kaiserliche Oberhoheit. Der Erzbischof Christian von Mainz, kaiserlicher Legat für Mittelitalien, belagerte darauf Assisi und eroberte es im Jahre 1174. In der Entscheidungsschlacht von Legnano am 29. Mai 1176 verlor Friedrich Barbarossa den Kampf gegen die lombardischen Städte. Auf dem Kongreß von Venedig (Ende Juli 1177) mußte der Kaiser mit ihnen und dem Papst Alexander III. (1159–1181) Frieden schließen. Sowohl Umbrien als auch die benachbarte Toskana gehörten zum Interessenbereich des Apostolischen Stuhls. Die Päpste suchten ihren weltlichen Herrschaftsbereich, das Patrimonium Petri, nach Norden auszudehnen. Von 1186 an bemühte sich Heinrich VI. als Vertreter seines Vaters, die toskanischen und umbrischen Städte teils mit politischen, teils mit kriegerischen Mitteln, wieder auf die kaiserliche Seite zu ziehen. Er unterwarf Lucca, danach mit Hilfe von Florenz, das sich rechtzeitig unterworfen hatte, Siena. Im Juni 1186 besetzte Heinrich Perugia, Narni und Viterbo. Im Vertrag von Gubbio (11. August 1186) räumte er Perugia erhebliche Privilegien ein. Heinrich, seit 1190 Kaiser, verhandelte mit den Päpsten Clemens III. (1187–1191) und Coelestin III. (1191–1197) um die Herrschaft in Umbrien. Herzog von Spoleto war damals Konrad von Ürslingen (bei Rottweil), der zeitweilig auf der Rocca maggiore, der Burg über Assisi, residierte. Seiner Aufsicht wurde der am 26. Dezember 1194 in Jesi geborene Thronerbe Friedrich

Roger (der spätere Kaiser Friedrich II.), anvertraut. Friedrich wurde, wie etwa zwölf Jahre vor ihm Franziskus, im Dom von Assisi getauft.

Der frühe, unerwartete Tod Heinrichs VI. am 26. September 1197 und das dadurch entstandene Machtvakuum an der Spitze des Reichs boten dem Papst Innocenz III. (1198–1216) die Gelegenheit, erneut den Anspruch des Apostolischen Stuhls auf die Herrschaft über Umbrien geltend zu machen. In acht Briefen wandte er sich im Oktober 1198 an die Obrigkeiten und die Gläubigen der Städte Spoleto, Rieti, Foligno, Assisi, Gubbio, Perugia, Città di Castello und Todi. Er kündigte ihnen darin die Entsendung des Kardinaldiakons Gregor von S. Maria in Aquiro an, den er mit der geistlichen und weltlichen Vollmacht für ihre Diözesen ausgestattet habe. Konrad von Ürslingen unterwarf sich darauf dem Papst und war bereit, ihm Burg und Grafschaft von Assisi zu übergeben. Die Bürger von Assisi besetzten jedoch die Burg und zerstörten sie, diesmal unterstützt von ihren Nachbarn, den Perusinern, die gleichfalls nicht begeistert waren, nunmehr die Oberherrschaft des Kaisers gegen die des Papstes einzutauschen.

Zu Beginn des 13. Jahrhunderts setzten dann schwere Konflikte zwischen Perugia und Assisi ein. In beiden Städten war ein wohlhabend und selbstbewußt gewordenes Bürgertum auf Erhalt und Ausbau seiner Macht bedacht. In der Schlacht von Collestrada im November 1202, die für die Assisiaten mit einer Niederlage endete, geriet der junge Franziskus in die Gefangenschaft der Perusiner, aus der er erst nach einem Jahr wieder freikam. Am 29. Juli 1205 stellte König Philipp von Schwaben, der Bruder und Nachfolger Heinrichs VI., in Ulm eine Urkunde aus, in der er Assisi weitgehende Freiheit einräumte. Assisi verblieb für den weiteren Verlauf des Mittelalters im Verband des Kirchenstaats, erfreute sich allerdings einer relativen Selbständigkeit unter seinen eigenen Podestà.

Um 1200 war es noch innerhalb der Stadt zu schweren bürgerkriegsähnlichen Auseinandersetzungen zwischen der zum Teil adeligen Oberschicht, den Maiores, und dem Bürgertum, den Minores, gekommen. Die Differenzen wurden in einem ersten Vertrag 1203 vorläufig, dann in dem Friedensvertrag vom 9. November 1210 endgültig beigelegt. Um die Mitte des 14. Jahrhunderts, in der Zeit des Exils der Päpste in Avignon, ließ der Kardinal Ägidius Albornoz die Rocca maggiore zu einer mächtigen Festung ausbauen, deren imposante Mauern bis heute das Stadtbild beherrschen. Im Verlauf der zweiten Hälfte des 12. Jahrhunderts fand in den Städten Nord- und Mittelitaliens eine Entwicklung statt, die hauptsächlich durch den sozialen Aufstieg des Bürgertums bestimmt war. Grund dafür war ein enormer Aufschwung von Handel und Gewerbe, die ja vor allem in den Händen des städtischen Bürgertums lagen. Und nachdem die Bürger einmal die Macht in den Städten übernommen hatten, ließen sie sich auch den Schutz ihrer Interessen angelegen sein. Parallel dazu ist ein Niedergang des Adels zu beobachten. Der steigende Wohlstand hatte ein Wachstum der städtischen Bevölkerung um etwa 50 Prozent innerhalb eines halben Jahrhunderts zur Folge. Assisi, dessen Mauerring im Jahre 1199 erweitert werden mußte, dürfte um diese Zeit etwa 12 000 bis 13 000 Einwohner gezählt haben, zu denen noch ungefähr 5 000 Bewohner der näheren ländlichen Umgebung hinzukamen.

In der Stadt wurden die landwirtschaftlichen Produkte des Umlandes (Getreide, Früchte, Wein, Olivenöl) umgeschlagen. Es gab Rinder-, Schweine- und Schafzucht. Die in der Stadt ansässigen Handwerker (Bäcker, Metzger, Schuhmacher, Schneider, Steinmetzen, Müller) waren in Zünften (societates) organisiert. Auch die Ärzte, Notare und Baumeister waren in Körperschaften zusammengeschlossen. Handelsbeziehungen bestanden sowohl zwischen den Städten Italiens als auch mit dem Ausland, wie man am Beispiel des Vaters des Franziskus, Pietro di Bernardone, sehen kann, der aus Frankreich wertvolle Tuche importierte. Überhaupt sind die franziskanischen Schriften eine wertvolle Quelle für kultur- und wirtschaftsgeschichtliche Informationen, die sie dem aufmerksamen Leser nicht selten nebenbei und am Rande der Haupterzählung bieten. Der Umschlag der Waren erfolgte sowohl in Läden als auch auf Märkten und Messen. Die Existenz der letzteren ist zwar erst für ein Jahrhundert später belegt; sie dürften aber bereits im 13. Jahrhundert abgehalten worden sein. Trotz des offiziellen kirchlichen und staatlichen Zinsverbots waren Geldgeschäfte üblich, wobei zum Teil sehr hohe Zinsen gefordert und gezahlt wurden.

An dem wachsenden Wohlstand hatte auch die Kirche ihren Anteil. Dies war eine der Ursachen für die zahlreichen kirchlichen Reformbewegungen, die seit dem 11. Jahrhundert auf den Plan traten. Ihnen allen war das Ideal der *vita evangelica et apostolica,* des Lebens in Armut nach dem Vorbild Christi und der Apostel, gemeinsam. Dementsprechend distanzierten sie sich von Macht und Reichtum der Kirche ihres Zeitalters. Das gilt für die mönchische Gemeinschaft von Vallombrosa, die der Florentiner Johannes Gualberti 1036 gründete, und die Gemeinschaft von Fontevraud, die Robert von Arbrissel um 1100 gründete, ebenso wie für die großen Reformorden des 12. Jahrhunderts, die Cistercienser und Prämonstratenser.

Seit dem 12. Jahrhundert traten aber auch Wanderprediger auf, denen an einem Verbleib innerhalb des kirchlichen Verbandes wenig gelegen war. Dazu gehörten der Priester Peter von Bruis, der offen gegen Kult und Lehrtradition der Kirche predigte, und der Mönch Heinrich von Lausanne, der als Bußprediger auftrat und von Bernhard von Clairvaux bekämpft wurde. Bernhard, einer der größten Ketzerjäger seines Jahrhunderts, ging auch gegen Arnold von Brescia vor, der sich für eine arme, wandernde, am Vorbild der Apostel orientierte Kirche einsetzte. Die wohl bedeutendste Armutsbewegung vor Franziskus begründete um 1176 ein reicher Kaufmann namens Waldes aus Lyon. Die „Armen von Lyon", später nach ihrem Gründer als „Waldenser" bezeichnet, existieren bis heute als kirchliche Gemeinschaft.

Zum gefährlichsten Konkurrenten der mittelalterlichen Kirche stieg im Verlaufe des 12. Jahrhunderts das Katharertum auf, eine Weltanschauung, die (in ihrer radikalen Richtung) einen strikten Dualismus zwischen Gut und Böse, und damit zwischen zwei sich widerstreitenden göttlichen Prinzipien, annahm. Entsprechend ihrem Mythos vom Engelsfall am Beginn der Schöpfung strebten die Gläubigen (credentes) der Katharer die Erlösung von allen materiellen, bösen Elementen zu ihren Lebzeiten an. Die Elite der Kirche, die so genannten „Vollkommenen" (perfecti), galt bereits als erlöst. Die Vorstellung vom Fall der reinen Geister in die Materie führte zu der Auffassung, daß alles Lebendige, ja die gesamte Natur beseelt sei. Die Glieder der katharischen Kirche waren aufgerufen, durch ein einfaches, heiligmäßiges Leben und sexuelle Enthaltsamkeit an der Rückkehr der gefallenen Welt zu ihrem ursprünglichen geistigen Wesenszustand mitzuwirken. Franziskus hat sich mit dem Katharertum auseinandergesetzt, das in Umbrien und der Toscana zahlreiche Anhänger und sogar eine in Bistümer gegliederte kirchliche Organisation besaß. Er hat die Vorstellung von einem bösen Schöpfungsprinzip mit aller Entschiedenheit abgelehnt. In seiner Auffassung von einem einzigen allmächtigen, guten Gott als Schöpfer des Universums zeigt er sich als konsequenter Gegner des katharischen Dualismus. Wie aber vor allem seine Vorstellung von der Beseelung und Erlösung der gesamten Natur zeigt, war er von zentralen Lehren des Katharismus beeinflußt.

3. Jugend und Bekehrung des Franziskus

Kindheit und Erziehung

Franziskus wurde gegen Ende des Jahres 1181 oder Anfang 1182 als Sohn eines sehr reichen Tuchhändlers, Pietro di Bernardone, in Assisi in Umbrien geboren. Seine Mutter, die wahrscheinlich aus Südfrankreich stammte, hieß Pica („Elster"). Das Kind wurde, wahrscheinlich im Dom S. Rufino, auf den Namen Johannes Baptista getauft, erhielt jedoch von seinem Vater den Beinamen „Franciscus" (Francesco, das heißt, „Franzose"), den es lebenslang beibehielt. Franziskus hatte einen jüngeren Bruder namens Angelo. Die Angaben der älteren Biographen über Kindheit und Erziehung des Franziskus sind spärlich und widersprüchlich. Als sicher kann gelten, daß er, anhand des Psalters, lesen und schreiben lernte. Er lernte auch die damals aus Frankreich kommenden ritterlichen Dichtungen und Erzählungen, wie das Rolandslied und die Artus- und Gralssage, kennen, war also keineswegs „unbelesen", wie er es später von sich behauptet hat. Sicher hat er auch die beruflichen Fähigkeiten eines Kaufmanns erlernt und war im väterlichen Geschäft tätig.

Die nahezu unbegrenzten finanziellen Mittel des väterlichen Hauses ermöglichten Franziskus eine sorglose, freuden- und genußreiche Jugendzeit. Er konnte sich auffällige, teure Kleider ebenso leisten wie aufwendige Gastmähler und Gelage, bei denen er die Schar seiner Freunde freihielt. Diese Lebensperiode wird von zwei Ereignissen überschattet, die den jungen Franziskus mit dem Leiden konfrontierten und sein Leben entscheidend prägten. Das erste war eine einjährige Kriegsgefangenschaft in Perugia. Ein Kleinkrieg mit dieser stets mächtigeren Rivalin von Assisi hatte im November 1202 mit einer Niederlage der Assisiaten bei Collestrada geendet. Viele von ihnen, Ritter und wohlhabende Bürgersöhne, wurden als Gefangene nach Perugia geführt. Während der Gefangenschaft zeichnete sich Franziskus durch heitere Laune und Fröhlichkeit aus, was von seinen Mitgefangenen als nicht ganz normal, als „verrückt“ empfunden wurde. Der zweite große Einschnitt war eine längere schwere Krankheit, die ihn bald nach seiner Entlassung aus der Gefangenschaft ans Bett fesselte. Er erholte sich davon niemals vollständig, sondern blieb lebenslänglich, mit zunehmendem Alter in stärkerem Maße, ein kranker Mensch.

Bekehrungsvisionen

Die „Bekehrung“ des Franziskus, sein „Weggang aus der Welt“, das heißt: der vollständige und radikale Bruch mit seinen bisherigen Lebensverhältnissen, wurde durch mehrere traumhafte, visionäre Erlebnisse eingeleitet. Im Alter von etwa 22 Jahren, also um das Jahr 1204, entschloß sich Franziskus, zusammen mit einem Adeligen aus Assisi nach Apulien zu ziehen, um dort das Rittertum zu erlangen. Vielleicht haben ihn bei diesem Plan Vorstellungen und Träume bestimmt, die ihren Ursprung in der Lektüre der ritterlichen Dichtungen hatten. Aber er war sicher auch von dem Wunsch geleitet, einen höheren (gesellschaftlichen) Stand zu erwerben als derjenige, in dem er als Sohn des Bürgers und Kaufmanns Pietro di Bernardone geboren worden war. Unmittelbar vor der Abreise hatte er einen Traum, in dessen Verlauf ihn einer in den mit ritterlichen Waffen gefüllten „Palast einer schönen Braut“ führte. Eine Stimme teilte ihm mit, der Palast samt den glänzenden Waffen gehöre „ihm und seinen Rittern“. Die Reise führte nur bis Spoleto, wo Franziskus in einem weiteren Traumgesicht vom „Herrn“ die Anweisung erhielt, nach Assisi zurückzukehren. Statt der erstrebten Ehrenstellung eines weltlichen Ritters sei ein geistliches Rittertum für ihn bestimmt. Ein weiteres visionäres Erlebnis, eine Entrückung aus dem leiblichen Empfinden und Bewußtsein in einen ekstatischen Zustand, erfuhr Franziskus während eines prozessionsartigen Umzuges mit seinen betrunkenen Kumpanen durch die Straßen von Assisi am Ende eines Gelages. Dabei wurde ihm klar, daß für ihn selbst und spätere Gesinnungsgenossen, der Weg der „vera religio", der richtigen religiösen Lebensweise, bestimmt war: Sie ist seine „Braut", mit der er in einem lebenslangen Verlöbnis verbunden wird.

Die bedeutsamste in der Reihe dieser frühen Visionen ist die des Crucifixus von San Damiano. Im Sommer des Jahres 1206 betrat Franziskus die am Berghang unterhalb von Assisi gelegene, halb zerfallene Kirche S. Damiano, um vor dem auf Holz gemalten Bild des Gekreuzigten zu beten. (Es handelt sich dabei um eine etwa hundert Jahre zuvor entstandene so genannte „Croce dipinta" byzantinisch-romanischen Stils, die noch erhalten ist und in einer Seitenkapelle der Basilika S. Chiara zu Assisi aufbewahrt wird). Da sagte der Crucifixus zu ihm die berühmten Worte: „Franziskus, geh und baue mein Haus wieder auf, das, wie du siehst, ganz und gar in Verfall gerät." Franziskus verstand den Satz zunächst im wörtlichen Sinn und machte sich wenig später eigenhändig an den Wiederaufbau der Kirchenruine. Er begriff dann aber auch, daß in den Worten des Crucifixus darüber hinaus der Wunsch nach einem Neubau der Kirche, einer Umgestaltung der christlichen Gesellschaft des Mittelalters, zum Ausdruck kommt, und daß dies ihm selbst als Lebensaufgabe zugedacht war.

Die Vision von S. Damiano hatte noch eine weitere tiefgreifende Folge für Franziskus: das Bewußtsein, daß es der Gekreuzigte war, der ihm die für sein weiteres Leben entscheidende Weisung gegeben hatte, war der Beginn einer besonderen Beziehung zu dem leidenden, das heißt, die Erlösung vollziehenden, Christus. Eine der ältesten und wertvollsten Lebensbeschreibungen, die so genannte „Drei-Gefährten-Legende", sagt, er habe von da an, solange er lebte, die Stigmata Jesu in seinem Herzen getragen, was dann später offen zutage getreten sei, als sich die Wundmale des Gekreuzigten auch äußerlich an seinem Körper zeigten (3 Soc 14). Ähnliche Formulierungen gibt es auch bei Thomas von Celano in allen drei Werken über Franziskus. Man sieht, daß bereits die mittelalterlichen Biographen den Zusammenhang herstellten zwischen der Vision des Crucifixus von San Damiano (1206) und der Vision des Seraphen und der Stigmatisation auf dem Berg La

Verna (1224). Zwischen beiden Ereignissen spannt sich der Bogen der fortschreitenden, von Franziskus bewußt herbeigeführten Angleichung an den gekreuzigten Erlöser.

Darüber hinaus war aber der Bildeindruck des Crucifixus auf Franziskus wohl auch von großer Bedeutung für dessen Vorstellungen von der Erlösung der Kirche und der Welt. Auf dem Tafelbild ist nämlich nicht nur der Erlöser selbst (mit leicht vorgeneigtem Kopf und weit geöffneten Augen!) dargestellt, sondern auch die Wirkung des erlösenden Leidens auf die gesamte Kirche: Auf einer verbreiterten Fläche unter den Armen des Gekreuzigten ist die unter dem Kreuz versammelte „kämpfende Kirche" in Gestalt von acht aus den Evangelien und der mittelalterlichen Legende vom heiligen Kreuz bekannten Personen, darunter Maria, Johannes und Maria Magdalena, dargestellt. Im oberen Teil, auf einer ebenfalls verbreiterten Fläche des Längsbalkens, erkennt man die Auferstehung und Himmelfahrt Christi mit der „triumphierenden Kirche" des Himmels. Unterhalb der Füße des Crucifixus schließlich war, heute kaum noch erkennbar, die „leidende Kirche" abgebildet: diejenigen, die in der Unterwelt (Hölle) auf ihre Erlösung warten. Auf sie und vier Engel (!) unter den Armen des gekreuzigten Heilands tropft dessen erlösendes Blut ebenso wie auf die unter dem Kreuz stehenden Personen. Unterwelt und Engelwelt scheinen so in die Erlösung einbezogen.

Der Crucifixus von S. Damiano ist der erste sprechende Crucifixus der christlichen Religionsgeschichte: zum ersten Mal seit der Antike spricht wieder ein Gottesbild. Fast zwei Jahrhunderte davor hatte schon der Crucifixus von S. Miniato bei Florenz dem heiligen Johannes Gualberti (wegen dessen Verzicht auf Ausübung der Blutrache) zustimmend und dankend zugenickt. Es zeigt sich darin ein Wiedererwachen von Elementen der antiken vorchristlichen Religionen, das auch anderwärts bei Franziskus zutage tritt. Daß dies keine vage religionsgeschichtliche Hypothese oder Vermutung ist, zeigt die Darstellung, die der heilige Bonaventura in seiner „Legenda maior" (II, 1) von dem Ereignis gibt. Während die beiden älteren Legenden eindeutig den *visuellen* Eindruck der Vision wiedergeben (II Cel 10; 3 Soc 13), beseitigt Bonaventura dieses „heidnische“ Element, indem er sagt, der Heilige habe *mit seinen Ohren* eine Stimme gehört, die von dem Kreuz herkam. Der visuelle Eindruck (Celano erwähnt eigens die Bewegung der Lippen des Bildes: „labiis picturae deductis“) rührt hauptsächlich von der Neigung des Kopfes nach vorne, dem einzigen plastischen Element (testa a rilievo) des ansonsten zweidimensionalen Bildes. Diese Neigung kommt zustande durch einen halbkreisförmigen Holzkeil hinter dem Kopf und dem Nimbus des Gekreuzigten. Man darf annehmen, daß sich dem mittelalterlichen frommen Betrachter, dessen Wahrnehmungsvermögen nicht durch den alltäglichen Einbruch von Bilderfluten abgestumpft war, jedes Detail eines Meditationsbildes einprägte und, wenn er intelligent genug war, von ihm verarbeitet und weitergedacht wurde.

Franziskus selbst hat seine Bekehrung in engem Zusammenhang mit seinem Gang unter die Aussätzigen und der von Gott gewirkten Überwindung des Abscheus vor ihnen gesehen. Am Anfang seines „Testaments“ beschreibt er es so:

> Der Herr gab mir, Bruder Franziskus, auf die folgende Weise mit dem Buße tun zu beginnen: Denn als ich noch in Sünden war, da schien mir der bloße Anblick von Aussätzigen überaus unangenehm. Und der Herr selbst führte mich unter sie, und ich übte an ihnen Barmherzigkeit aus. Und als ich wieder von ihnen wegging, da war das, was mir vorher unangenehm erschienen war, in seelisches und körperliches Wohlbehagen umgewandelt. Und danach verweilte ich ein wenig und ging aus der Welt hinaus.

Auch die älteren Biographen betonen, daß die Begegnung mit den Leprosen bei Franziskus eine Umkehrung des sinnlichen Empfindens und darüber hinaus auch des Werturteils herbeiführte, da er sich nunmehr endgültig von der „weltlichen Eitelkeit“ abwandte. Er begab sich in das Aussätzigen-Hospital, überbrachte den von der Gesellschaft Verstoßenen Geld und pflegte ihre Wunden. Den Ekel überwand er, indem er den Kranken die Hände küßte. Dennoch hatte der Gang unter die Aussätzigen für die „Bekehrung“ des Franziskus nicht die Bedeutung, die er ihm, in einem fast nostalgischen Rückblick, am Ende seines Lebens gab. Der Aufenthalt unter den Leprosen blieb vielmehr eine, wenn auch gewiß nicht unwichtige, Episode auf seinem Weg aus der Welt hinaus. Franziskus hat sich auch – entgegen vielen modernen, romantizistisch verklärenden Darstellungen seiner Absichten – niemals definitiv in das gesellschaftliche Abseits begeben, weder in das der Aussätzigen, noch das der „wirklich Armen".

Die Bedingungen des wirklichen, nicht artifiziellen, Bettlerdaseins erprobte Franziskus während einer Pilgerfahrt nach Rom. Dort bettelte er im Vorhof der St. Peterskirche inmitten einer Bettlerschar, in den geliehenen Kleidern eines Bettlers, in französischer Sprache die vorüberziehenden Pilger um Almosen an. Nach einiger Zeit zog er die Bettlerkleider wieder aus und kehrte nach Assisi zurück. Er hatte nun endgültig erfahren, daß sein Platz nicht in dem gewöhnlichen, schmutzigen Abseits der gesellschaftlichen Außenseiter war.

Die Trennung vom Vater

Der letzte Schritt auf seinem Weg „aus der Welt hinaus" war die Trennung von seinem Vater und darüber hinaus von seiner gesamten Familie. Um sich das Geld für den geplanten Wiederaufbau von S. Damiano zu beschaffen, belud Franziskus ein Pferd mit Stoffen aus dem väterlichen Tuchladen und ritt nach Foligno, wo er die Waren samt dem Pferd verkaufte.

Danach kehrte er nicht nach Hause zurück, sondern begab sich nach S. Damiano, wo er eine Zeitlang blieb. Anschließend versteckte er sich vor dem Vater, der ihn suchte, in einer Höhle. Nach einem Monat kehrte er in völlig verwahrlostem Zustand nach Hause zurück. Pietro di Bernardone versuchte nun, seinen Sohn von dem Vorhaben, „die Welt zu verlassen", abzubringen, indem er ihn verprügelte und einsperrte. Die Mutter, die zunächst ebenfalls versucht hatte, Franziskus umzustimmen, ließ ihn während einer Reise des Vaters frei. Nach seiner Rückkehr verklagte Pietro seinen Sohn bei den städtischen Behörden, danach bei dem Bischof von Assisi auf Rückgabe des Geldes. Es kam zu der spektakulären Szene vor dem bischöflichen Palast oder, wahrscheinlicher, auf dem Platz vor dem Dom S. Rufino, in welcher Franziskus sich in aller Öffentlichkeit von seinem Vater lossagte, nachdem er ihm alles Geld und seine Kleider zurückgegeben und auf sein Erbrecht verzichtet hatte. Zuletzt legte er auch noch die Unterhose ab, trat nackt vor die auf dem Platz wartende Menge und erklärte, daß er von jetzt an nur noch Gott als seinen Vater anerkenne. Der Bischof Guido nahm ihn in seine Arme und bedeckte seine Blöße mit dem Zipfel des bischöflichen Mantels. Insgesamt eine gewaltige Zeichenhandlung (Performance), in der die radikale Lösung des Franziskus aus seinen bisherigen sozialen Bindungen und sein zukünftiges, durch absoluten Gehorsam bestimmtes Verhältnis gegenüber der Römischen Kirche und ihren Amtsträgern eindrucksvoll dokumentiert wird. Wie vor ihm die Asketen und Wandermönche des 12. Jahrhunderts, Robert von Arbrissel, Norbert von Xanten, Waldes von Lyon, konnte er nunmehr als „Nackter" dem nackten Gekreuzigten auf seinem Leidensweg folgen, oder, nach einer anderen Vorstellung, die seit dem Papst Gregor dem Großen (590–604) belegt ist, als „nackter", das heißt, von seinen weltlichen Besitztümern entkleideter, „Athlet" mit dem gleichfalls als nackt vorgestellten Teufel kämpfen. Franziskus kannte mit Sicherheit beide Vorstellungen, und sie dürften für ihn auch bei den weiteren öffentlichen Inszenierungen seiner Nacktheit, von denen die mittelalterlichen Biographen berichten, maßgebend gewesen sein: Nach einer Krankheit ließ er sich nackt auf den Domplatz schleifen, um für seine vermeintliche Unehrlichkeit Buße zu tun (Leg. Per. 80), und vor Eintritt seines Todes ließ er sich entkleiden, um nackt auf der Erde liegend zu sterben (I Cel 217; vgl. ebd. 214). Der Biograph Thomas von Celano hat schon in seiner ersten Legende der Entkleidung des Franziskus vor Bischof und Volk von Assisi eine theologische Deutung gegeben:

Sieh da, schon kämpft er nackt mit dem Nackten, und nachdem er alles Weltliche abgelegt hat, denkt er nur noch an Gottes Gerechtigkeit. Auf diese Weise sucht er schon sein eigenes Leben zu verachten, indem er jegliche Sorge dafür ablegt, damit er als Armer Frieden finde auf belagertem Wege und nur noch die Wand des Fleisches ihn für eine Zwischenzeit von der Schau Gottes trenne.

Für Franziskus selbst war noch eine andere Erwägung entscheidend: Der „Auszug aus der Welt" bedeutete zugleich auch die radikale Trennung von seiner Familie, eine „Ent-vaterung" und „Ent-mutterung". An die Stelle der leiblichen Verwandtschaft trat nunmehr die Römische Kirche, symbolisiert im Mantel des Bischofs Guido, der seine Blöße bedeckte. Die „Legenda Perusina" legt dem Franziskus die folgenden Worte über sein Verhältnis zur Kirche in den Mund (Leg. Per. 58):

Der Herr hat uns gerufen zur Hilfe seines Glaubens und der Prälaten und der Kleriker der heiligen Mutter Kirche. Deshalb sind wir gehalten, so gut wir können, sie immer zu lieben, zu achten und zu ehren. Denn die Brüder heißen deshalb „mindere" Brüder, weil sie wie im Namen, so auch durch ihr Beispiel und ihre Tat demütiger sein müssen als die anderen Menschen dieser Welt. Und weil der Herr am Anfang meiner Bekehrung, als ich mich von der Welt und meinem leiblichen Vater trennte, sein Wort in den Mund des Bischofs von Assisi legte, daß er mir gut rate im Dienste Christi und mich bestärke: deswegen und wegen vieler anderer vorzüglicher Eigenschaften, die ich an den Prälaten sehe, will ich nicht nur die Bischöfe, sondern auch die kleinen armen Priester lieben und ehren und sie für meine Herren halten.

Gleichwohl wurde Franziskus den Vater nicht los. Während die Mutter – wie viele andere Personen, deren Lebenslauf und Ende zu erbaulichen Zwecken weniger geeignet ist, – klanglos aus den alten Biographien verschwindet, bleibt der Vater lebenslänglich präsent. „Bruder Franziskus" behält als Ordensmann den Beinamen, den der Vater dem Kleinkind einst scherzhaft gegeben hatte, als seinen Hauptnamen bei. Wollte er sich damit eine psychische Verletzung zufügen? Die Tatsache, daß er sich „Sohn Pietro di Bernardones" nennt, wenn er sich besonders demütigen und lächerlich machen will (I Cel 53), scheint in diese Richtung zu weisen. Solange der Vater lebte, waren Begegnungen mit ihm in der nicht sehr großen

Stadt Assisi nicht zu vermeiden. Der stieß dann gegen den in seinen Augen ungeratenen und verkommenen Sohn Flüche aus – nichts anderes als Zeichen einer vergeblichen und verzweifelten Liebe, wie schon der Verfasser der „Drei-Gefährten-Legende" bemerkt hat (3 Soc 22). Die Verfluchung durch seinen Vater ließ Franziskus keineswegs gleichgültig. Um dagegen anzugehen, beauftragte er einen Bettler, dem er dafür einen Teil seiner eigenen Almosen überließ, ihn jedesmal, wenn Pietro di Bernardone ihn verfluchte, zu bekreuzigen und zu segnen (3 Soc 23).

Zu seinem Vater sagte er bei einer solchen Gelegenheit: „Meinst du nicht, daß Gott mir einen mich segnenden Vater gegen deine Flüche geben kann?" Der Bettler, der hier als eine Art Not- oder Ersatzvater gesehen wird, ist jedoch nicht an die Stelle getreten, die Pietro di Bernardone bis zu der Entkleidung für Franziskus hatte. Die eigentliche Vaterrolle hat für ihn jetzt Gott übernommen. Die zweite Celano-Legende läßt Franziskus vor der auf dem Domplatz wartenden Volksmenge folgende Erklärung abgeben (II Cel 12):

> Von jetzt an kann ich frei sagen: Vater unser, der du bist im Himmel, nicht: Vater Pietro di Bernardone. Ich gebe ihm nicht nur das Geld hier zurück, sondern ich verzichte auch auf alle Kleider. So will ich mich nackt zum Herrn auf den Weg machen.

Man kann die Frage stellen, ob hier bereits eine der psychischen Ursachen für die spätere Identifikation des Franziskus mit dem Erlöser zu finden ist; mit anderen Worten: Entspricht der Annahme Gottes als nunmehr einzigen Vaters die Übernahme der Rolle von dessen Sohn? Franziskus muß sich bereits bei seinem „Hinausgehen aus der Welt" darüber klar gewesen sein, daß er seinen Weg nur im Einklang mit der Kirche gehen konnte, wie es das oben angeführte Zitat aus der „Legenda Perusina" zum Ausdruck bringt. Der bedingungslose Gehorsam gegenüber der Römischen Kirche und ihren Prälaten und das Sichhineinsteigern in die Gleichförmigkeit und schließlich Identifikation mit dem Sohn Gottes haben, psychologisch gesehen, die gleiche Ursache.

4. Die Anfänge der franziskanischen Bewegung

Gewißheit über den Weg

In seinem Testament schreibt Franziskus über die Anfänge seiner Bruderschaft:

Und nachdem der Herr mir Brüder gegeben hatte, da zeigte mir niemand, was ich tun müsse, sondern der Allerhöchste selbst offenbarte mir, daß ich nach der Form des heiligen Evangeliums leben müsse. Und ich ließ es in wenigen Worten und einfach aufschreiben, und der Herr Papst bestätigte es mir. Und diejenigen, die kamen, um diese Lebensform auf sich zu nehmen, gaben allen ihren Besitz den Armen; und sie waren zufrieden mit einer Kutte, innen und außen mit Flicken besetzt, mit einem Leibgurt und Hosen. Und wir wollten nicht mehr haben.

Was in diesen kurzen Worten mehr angedeutet als beschrieben ist, stimmt mit den ausführlicheren Schilderungen der alten Lebensbeschreibungen überein. Demnach arbeitete Franziskus während des Jahres 1207 an der Instandsetzung der kleinen verfallenen Kirchen S. Damiano, S. Maria degli Angeli (Porziuncola) und S. Pietro della Spina in der Nähe von Assisi. Während dieser Zeit trug er Kleidung und Ausrüstung eines Eremiten: eine Kutte mit Ledergürtel, Schuhe, einen Stock, einen Doppelsack über der Schulter und eine Geldbörse. Vermutlich am St. Matthias-Tag (24. Februar) 1208 hörte er in der Portiuncula-Kirche das Evangelium von der Aussendung der Jünger Jesu aus dem 10. Kapitel des Matthäus-Evangeliums. Das Evangelium selbst und dessen eingehende Erläuterung, um die Franziskus den Priester nach der Messe bat, bestätigten ihn in einer Ahnung, die er schon länger hatte: daß nämlich Jesus und seine Jünger überhaupt nichts besessen hatten. Diesem evangelischen Vorbild suchte er nun buchstabengetreu nahezukommen, indem er Schuhe, Stab und Beutel ablegte, seine Kutte gegen eine andere aus gröberem Stoff austauschte und sich anstatt des Gürtels einen Strick um die Hüften band.

Knapp zwei Monate später, am 16. April 1208, schlossen sich Franziskus zwei angesehene, wohlhabende Bürger der Stadt Assisi als erste Gefährten an: Bernhard von Quintavalle und Petrus Catanii. Der letztere war mit Sicherheit, der erstere wahrscheinlich studierter Jurist. Bernhard war für die Stadtregierung beratend tätig, Petrus erfüllte die gleiche Funktion bei dem Domkapitel von Assisi. Bemerkenswert ist die Tatsache, daß beide unverheiratet waren, obwohl sie nicht mehr ganz jung gewesen sein können, als sie sich Franziskus anschlossen. Zusammen mit diesen beiden ersten Gefährten begab er sich in die (heute nicht mehr vorhandene) Kirche S. Nicolò an der Piazza del Comune, um mittels eines Buchorakels den Willen Gottes für den Weg der jungen Bruderschaft zu erkunden. Dreimal schlug er das Evangelienbuch auf und stieß dabei auf folgende Stellen: „Geh und verkaufe alles, was du hast, und gib es den Armen“ (Mk 10,21; Mt 19,21); „Nehmt nichts mit auf den Weg“ (Lk 9,3); „Wer mir nachfolgen will, der verleugne sich selbst“ (Mt 16,24; Lk 9,23). In diesen kurzen Sätzen sah Franziskus eindeutige, von Gott für sich selbst und seine Gefährten geoffenbarte Weisungen. Mit einigen anderen ähnlich lautenden Aussagen aus den Evangelien bildeten sie den Kernbestand der ersten Regel der Bruderschaft, die Franziskus ein Jahr später, im Frühjahr 1209, dem Papst Innocenz III. in Rom zur Billigung vorlegte.

Die drei ersten Mitglieder der Bruderschaft, denen sich am 25. April 1208 ein einfacher, humorvoller Handwerker aus Assisi namens Ägidius angeschlossen hatte, nahmen ihren Aufenthalt zunächst bei der Portiuncula-Kirche. In der Stadt Assisi und ihrer Umgebung, bald auch auf einer ersten „Missionsreise“ durch Mittelitalien, riefen sie die Menschen zur Friedfertigkeit und Buße auf. Den Friedensgruß der Brüder hat Franziskus als von Gott geoffenbarte Botschaft in seinem Testament festgehalten:

Einen Gruß hat mir der Herr offenbart: wir sollten sagen: Der Herr gebe dir Frieden!

Merkwürdig ist, daß Franziskus eine Bekehrung der Kirche, der christlichen Gesellschaft des Mittelalters (christianitas), als notwendig ansah. Später unternahm er immer wieder Versuche, die „Prälaten" (das heißt, den Hochklerus) zu bekehren, denen er vordergründig mit größter Ehrfurcht und untertänigem Gehorsam begegnete. Die Bemühungen der ersten Brüder, auf ihre Mitmenschen einzuwirken, blieben weitgehend ohne Erfolg: Wegen ihres schäbigen, abgerissenen Aussehens und weil sie ihren Lebensunterhalt nicht auf „ordentliche" Weise verdienten, stießen sie allgemein auf Ablehnung. Franziskus geriet, sowohl aufgrund von Skrupeln wegen der Sünden seiner Jugend als auch wegen der Zukunft seiner Bruderschaft in Zweifel, Ängste und Depressionen.

Das änderte sich, als sich Franziskus mit seinen nunmehr sechs Gefährten in das Tal von Rieti begab, das damals noch fast ganz von dem heute zu einem kleinen Teich zusammengeschrumpften See ausgefüllt wurde. Die Bevölkerung dieser landschaftlich sehr schönen Gegend nahm Franziskus freundlich auf. Wahrscheinlich in dem oberhalb von Poggio Bustone gelegenen Eremitorium gewann er im Verlaufe langer, intensiver Meditationen über sein Leben Gewißheit über sein individuelles Heil und die Zukunft seiner Bewegung. Er fand zu seiner Rolle als spiritueller, charismatischer Führer der Gemeinschaft, der den Brüdern kraft göttlicher Inspiration und Autorität ihre Bestimmung zuweisen konnte. Über die Meditationen von Poggio Bustone schreibt der Biograph Thomas von Celano in seiner ersten Franziskus-Legende (I Cel 26):

> Er gewann allmählich Abstand von sich selbst, und nachdem es ihm gelungen war, die unguten Gefühle zu unterdrücken und der Dunkelheit zu entkommen, die sich in seinem Herzen aus Angst vor der Sünde verdichtet hatten, wurde ihm die Gewißheit der Vergebung aller Sünden eingegossen und das Vertrauen in die Gnade, wieder aufatmen zu können, gezeigt.

In dem Städtchen Poggio Bustone hat sich bis heute ein merkwürdiger religiöser Brauch erhalten, der an den Aufenthalt des Franziskus erinnert: Am Morgen des Festes des Heiligen (4. Oktober) geht ein Trommler durch die Straßen, klopft an die Haustüren und ruft: „Buon giorno, buona gente!" Vom Hausbesitzer erhält er die Antwort: „Buon giorno!" Mit den Worten: „Guten Tag, gute Leute!" soll Franziskus seinerzeit die Einwohner gegrüßt haben, also nicht mit dem ihm von Gott geoffenbarten Gruß: „Der Herr gebe dir Frieden!" Die „Legenda Perusina" berichtet, daß ausgerechnet der Friedensgruß der ersten Brüder bei den Menschen auf Unverständnis und Ablehnung stieß (Leg. Per. 101). Es muß sich also um solche Menschen gehandelt haben, die für sich selbst den Wunsch nach Frieden und Versöhnung mit Gott für überflüssig hielten, weil sie „gute Leute", und das heißt: Katharer, waren. Franziskus vermied es, Anstoß zu erregen, und begrüßte sie, abweichend von seinem sonstigen Gruß, als „gute Leute".

Um diese Zeit schloß sich ein achter Gefolgsmann der Bruderschaft an, so daß man zwei und zwei zu einer weiteren „Missionsreise" in die vier Himmelsrichtungen aufbrechen konnte. Der Auftrag, den Franziskus den Brüdern mitgab, war auch diesmal, den Menschen Buße zur Vergebung der Sünden und Frieden zu verkünden. Wenn sie an einer Kirche oder an einem Wegkreuz vorbeikamen, sprachen sie das berühmte Gebet, das die zentrale theologische Idee des Franziskanertums zum Ausdruck bringt: die der Welterlösung durch das Kreuz. Franziskus selbst hat den Wortlaut des Gebets in seinem Testament festgehalten:

> Und der Herr gab mir ein solches Vertrauen zu den Kirchen, daß ich mit einfachen Worten folgendermaßen betete: Wir beten dich an, Herr Jesus Christus, hier und bei allen deinen Kirchen, die auf der ganzen Welt sind, und wir preisen dich, denn durch dein heiliges Kreuz hast du die Welt erlöst.

In ihrer Eigenschaft als *heilige Orte,* die über die ganze Welt verstreut sind, bezeugen die Kirchen die Universalität der Erlösung. Franziskus spricht in seinem geistlichen Vermächtnis von dem „Vertrauen" zu den Kirchen: Sie sind für ihn, wie auch die Wegkreuze, materielle, greifbare Denkmäler der in der Welt-Schöpfung sich vollziehenden Erlösung. Mit „fidem in ecclesiis“ ist also keinesfalls, wie oft fälschlich übersetzt und erklärt, der in den Kirchen erweckte *Glauben* gemeint, sondern das besondere (von Franziskus auf Gott zurückgeführte) Verhältnis zu den äußeren, materiellen Dingen, denen die Fähigkeit zu einer spirituellen Wesensverwandlung (Transsubstantiation) gegeben ist. Im gleichen Sinne sagt Franziskus in dem unmittelbar darauf folgenden Satz des Testaments: „Danach gab mit der Herr und gibt mir noch immer ein so großes Vertrauen zu den Priestern ...“ (Eine Übersetzung von „fidem in sacerdotibus“ mit: „Glauben an die Priester“ oder: „in den Priestern“ ergäbe keinen vernünftigen Sinn!) Der Grund für das Vertrauen zu den Priestern wird mit ihrer sakramentalen Weihegewalt angegeben: „propter ordinem ipsorum“. Der *ordo* setzt sie in den Stand, den „allerhöchsten Sohn Gottes leibhaftig (corporaliter) in dieser Welt“ gegenwärtig zu machen. Das Vertrauen, die Überzeugung, daß es sich bei den Kirchen, auch wenn sie in verlassenem, baufälligem Zustand sind, um heilige, an die *Welterlösung* durch das Kreuz erinnernde Orte handelt, ist vielleicht noch deutlicher als an der oben zitierten Stelle aus dem Testament in dem entsprechenden Text der „Drei-Gefährten-Legende“ überliefert (3 Soc 37):

Wenn sie auf eine Kirche oder ein Kreuz stießen, dann verneigten sie sich zum Gebet und sagten mit Ehrfurcht: Wir beten dich an, Christus, und preisen dich wegen aller deiner Kirchen, die auf der ganzen *Welt* sind, denn durch dein heiliges Kreuz hast du die *Welt* erlöst. Sie waren nämlich überzeugt, einen *Ort Gottes* vorzufinden, wo immer sie auf ein Kreuz oder eine Kirche trafen.

Es sei noch erwähnt, daß hier der Ursprung für die von franziskanischem Geist geprägte religiöse Landschaft liegt, in der Kreuze und Bildstöcke mit dem „gegeißelten Heiland“ (Ecce homo), der um den vom Kreuz abgenommenen Leichnam Jesu trauernden Gottesmutter (Vesperbild, Pietà) und der Gruppe der unter dem Kreuz versammelten Frauen (Mariae Ohnmacht) die auf den Feldern arbeitenden oder die Gegend durchreisenden Menschen an die (Welt-)Erlösung erinnern. Diese religiöskünstlerische Prägung der Landschaft, zu der auch die Kreuzwege gehören, hatte im Spätmittelalter und im Zeitalter des Barock ihre Höhepunkte und ist bis heute in vielen Gegenden Frankens, Oberschwabens und Bayerns erhalten, wenn auch das Verhältnis zur Natur, das sie einmal stiften sollten, weithin in Vergessenheit geraten ist.

Franziskus vor Innocenz III.

Zwischen Ostern und Pfingsten 1209 machte sich Franziskus zusammen mit elf Gefährten auf den Weg nach Rom. Zweck der Reise war, für die „Lebensform nach dem Evangelium", die ihm Gott geoffenbart hatte, die Bestätigung des Papstes zu erlangen. Durch Vermittlung des Bischofs Guido von Assisi, der sich damals gerade in Rom aufhielt, erlangte Franziskus Zugang zu dem Kardinal Johannes von St. Paul, Bischof von Sabina (3 Soc 47; I Cel 32). Der Kardinal, der Benediktiner war, gehörte zu den Männern in der Umgebung des Papstes, die ernsthaft an einer Kirchenreform interessiert waren. Nach längeren Gesprächen mit Franziskus erkannte er in dessen Bruderschaft ein geeignetes Instrument für eine solche Reform. Für den eigentlichen harten Kern des franziskanischen Ideals, die radikale Besitzlosigkeit nicht nur des einzelnen Mitglieds der Bruderschaft, sondern der gesamten Gemeinschaft, konnte er sich dagegen nicht erwärmen. Er riet deshalb Franziskus, sich für eine der beiden erprobten mönchischen Lebensformen, die klösterliche oder die eremitische, zu entscheiden. Franziskus lehnte dies höflich, aber in aller Entschiedenheit ab. Schließlich gelang es ihm, den Kardinal von seinem besonderen Weg zu überzeugen. Der verschaffte ihm dann den Zugang zum Papst.

Unter dem Eindruck der Tatsache, daß sich die Menschen ganzer Landstriche und Regionen von der Römischen Kirche abgewandt und den mehr oder weniger häretischen Gegenkirchen der Katharer, Waldenser und Humiliaten angeschlossen hatten, war auch der Papst Innocenz III. von der Notwendigkeit einer Kirchenreform überzeugt. Um die gleiche Zeit

(1208–1210) suchte er das Gespräch mit führenden Persönlichkeiten der Humiliaten und der Waldenser, und es gelang ihm, Teile von ihnen in seine Obödienz zurückzuführen. In der entstehenden franziskanischen Bruderschaft erkannte er mit sicherem Blick eine kirchentreue, gehorsame Bewegung, die in der geistigen Auseinandersetzung mit den Ketzern nützlich werden konnte. Nach anfänglicher Skepsis und Zurückhaltung gab er deshalb Franziskus und dessen Gefährten, die nicht einmal Kleriker, geschweige denn Priester waren, die Predigterlaubnis. Die eigentlichen Bedenken des Papstes galten aber, wie diejenigen aller Großpriester, mit denen Franziskus zu tun hatte, der radikalen Armut, zu der sich die neue Bewegung als Gemeinschaft verpflichtet hatte. Denn dieses Ideal enthielt ja einen beständigen wortlosen Vorwurf an die reiche und mächtige Kirche, der in seiner Radikalität über alle bisherigen Reformideen hinausging. Innocenz III. bat deshalb Franziskus, über diesen Punkt den Willen Gottes zu erkunden. Darauf erzählte der Herr selbst Franziskus in einer Vision ein Gleichnis: das von der armen, schönen Frau in der Wüste. Dieses Gleichnis ist, mit nur wenigen Varianten, in der zweiten Legende des Thomas von Celano (II Cel 16) und der „Drei-Gefährten-Legende" (3 Soc 50) überliefert. Die Fassung der letzteren scheint die ursprüngliche zu sein:

Eine arme, schöne Frau war in der Wüste. Ihre Schönheit bewunderte ein großer König und begehrte, sie zur Frau zu nehmen, denn er dachte sich, aus ihr schöne Söhne zeugen zu können. Die Ehe wurde geschlossen und vollzogen, und viele Söhne wurden geboren und aufgezogen. Zu ihnen sagte die Mutter folgendermaßen: „Meine Söhne, schämt euch nicht, denn ihr seid des Königs Söhne. Geht also an seinen Hof, und er wird euch alles Notwendige zur Verfügung stellen." Als sie zum König kamen, bewunderte der König ihre Schönheit, und er erkannte in ihnen die Ähnlichkeit mit sich selbst und sagte zu ihnen: „Wessen Söhne seid ihr?" Als sie ihm antworteten, sie seien die Söhne der armen Frau, die in der Wüste lebe, da umarmte sie der König mit großer Freude und sagte: „Fürchtet euch nicht, denn ihr seid meine Söhne. Wenn sich nämlich Fremde von meinem Tisch ernähren, um wieviel mehr ihr, die ihr meine legitimen Kinder seid."

Der König sandte nun zu der genannten Frau, daß sie alle von ihm empfangenen Söhne an seinen Hof sende, damit sie dort ernährt würden.

Diese visionäre Parabel ist das berühmteste und inhaltlich wohl bedeutendste von allen Gleichnisse des Franziskus. Es bringt die Vorstellung von dem Franziskanertum als einer elitären, wegweisenden Kirche in der Kirche zum Ausdruck, also eine untergründig revolutionäre und potentiell ketzerische Idee, was besonders in der Deutung erkennbar wird, die Franziskus gleich mitliefert:

Ich bin, Herr, diese ganz arme Frau, die der liebende Herr durch seine Barmherzigkeit ausgezeichnet hat, und es hat ihm gefallen, sich aus ihr legitime Söhne zu zeugen. Der König der Könige sagte mir aber, er werde alle Söhne, die er aus mir zeugen werde, auch ernähren. Denn wenn er die Fremden ernährt, dann muß er erst recht die Legitimen ernähren. Wenn nämlich Gott den Sündern zeitliche Güter gibt wegen ihrer Liebe zu den zu ernährenden Söhnen, um wieviel mehr wird er den Männern des Evangeliums schenken, denen dies nach rechtem Verdienst zukommt.

Bei dem Papst, dem Franziskus das Gleichnis und dessen Deutung vortrug, weckte es die Erinnerung an eine Traumvision, die er selbst einige Tage davor gehabt hatte: Seine Kathedrale, die Laterankirche, drohte einzustürzen und ein unscheinbarer, verächtlich aussehender Ordensmann schob seinen Rücken unter eine Mauer und verhinderte den Einsturz. In Franziskus erkannte er nun den berufenen Retter der Kirche, und er billigte, allerdings nur mündlich, dessen Armutsideal.

Franziskus und seine Gefährten waren, als sie Rom verließen, hinsichtlich dessen, was sie erreicht hatten, freudig und optimistisch gestimmt. Die „Drei-Gefährten-Legende" weiß zu berichten, Franziskus habe sich sehr gewundert, daß sein Wunsch durch den Papst so leicht erfüllt worden war (3 Soc 53). In der gleichen Legende ist zu lesen, Franziskus habe noch vor seinem Erfolg an der Römischen Kurie einen Traum gehabt: Am Rand der Straße, die er zog, habe er einen sehr hohen, schönen, starken und dicken Baum erblickt. Als er darunter stand und seine Höhe und Schönheit bewunderte, da sei er selber plötzlich zu einer solchen Höhe herangewachsen, daß er den Gipfel des Baumes mit seinen Händen berühren konnte, und er bog ihn ganz mühelos (facillime) zur Erde. Die Erfüllung dieses Traums vom Baum am Straßenrand erlebte Franziskus dann bei seiner Begegnung mit Innocenz III.: „Und in Wirklichkeit geschah es so, als der Herr Innocenz, der höchste, schönste und stärkste Baum auf der Welt, sich seiner Bitte und seinem Willen so überaus gütig beugte" (vgl. I Cel 33; Bonaventura, Leg. mai. III,8). Das Einvernehmen, das zwischen Innocenz III. und Franziskus im Bereich visionärer Spekulationen hergestellt worden war, hatte indes keine langfristige Wirkung, und die Hoffnung des Franziskus, die Kirche im Frieden und Einverständnis mit Papst und Hochklerus umgestalten zu können, erwies sich als Illusion.

Niederlassung bei der Portiuncula-Kirche

Auf dem Rückweg von Rom in das Tal von Spoleto machten sich die Brüder Gedanken über die zukünftige Gestaltung des Lebens ihrer Gemeinschaft. Es ging dabei im wesentlichen um die konkrete Verwirklichung ihrer Lebensregel, die soeben die päpstliche Billigung erhalten hatte, und um die Rolle der Bruderschaft innerhalb der christlichen Gesellschaft (I Cel 34). Es muß ihnen überdies klar geworden sein, daß das dem Papst gegebene Gehorsamsversprechen, das im Prolog der Regel festgeschrieben worden war, und die Grundforderung der Regel, die „heilige Armut", miteinander in Konflikt geraten konnten. Und die Zukunft sollte zeigen, daß hier zwei im Grunde unvereinbare Vorstellungen zusammengespannt waren: das fundamentale Dilemma des Franziskanertums und Ursache der schweren Konflikte um das „franziskanische Ideal" innerhalb des Ordens und der gesamten Kirche.

Thomas von Celano schildert in seinem Bericht, wie Franziskus und seine Gefährten in der Nähe der Stadt Orte (etwa 70 km nördlich von Rom) zu einer inneren Festigkeit in ihrem Verhältnis zum Armutsideal kamen. Die Armut wird für sie zu einer virtuellen Person: Wie einer Braut geloben sie ihr eine feste Verbindung für alle Zeiten; sie sind fest entschlossen, sich niemals „aus den Umarmungen der Armut“ zu lösen (I Cel 35). Im Zusammenhang mit anderen dem Bereich „Verlobung“ und „Hochzeit“ entnommenen Begriffen begegnet hier zum ersten Mal in den franziskanischen Quellen der Ausdruck: „vertrauter Umgang mit der heiligen Armut“ (commercium cum sancta paupertate).

Sehr bekannt und einflußreich als Quelle angeblich frühfranziskanischer Spiritualität ist ein Werk mit dem Titel: „Sacrum Commercium Beati Francisci cum Domina Paupertate“ (Heiliger Umgang des heiligen Franziskus mit Frau Armut). Es handelt sich um eine allegorische Erzählung über das vertraute Verhältnis des Franziskus und seiner ersten Gefährten mit der als Person vorgestellten Armut. Entgegen einer auch heute noch in der Franziskus-Forschung verbreiteten Meinung handelt es sich bei dem „Sacrum Commercium“ nicht um ein Werk aus der Frühzeit der franziskanischen Bewegung, sondern um die dichterische Gestaltung der Anfänge des Ordens aus der Feder eines Franziskaners der dritten Generation (um 1250–1270), der angesichts einer fortgeschrittenen Dekadenz in der Gegenwart in idealisierender und nostalgischer Manier auf die Ursprünge der Bewegung als eine Art von goldenem Zeitalter zurückblickt. Die Armut ist darin zu einer virtuellen Überperson geworden, die die Kirche durch die Geschichte begleitet. Am Ende des 13. Jahrhunderts (ab 1296) hat dann Giotto in einem der Kuppelsegmente über dem Grab des Heiligen in der Unterkirche S. Francesco in Assisi die Hochzeit des Franziskus mit Frau (Domina, Dame, Herrin) Armut (vgl. II Cel 55) in seinem eindrucksvollen Meditationsbild dargestellt.

Im Tal von Spoleto angekommen, ließen sich die Brüder zunächst in einer Ziegelhütte an dem Ort Rivotorto unterhalb der Stadt Assisi nieder. Sie erlebten dort den Durchzug König Ottos IV., der mit seinem Heer zur Kaiserkrönung durch Innocenz III. nach Rom zog (I Cel 43). Als ein Bauer sie aus ihrem armseligen Refugium vertrieb, kehrten sie wieder zur

Portiuncula-Kirche zurück. Um diese Zeit gab Franziskus seiner Bruderschaft den Namen: „Ordo Fratrum Minorum" (Orden der geringeren Brüder; im deutschen Sprachbereich bürgerten sich später die Bezeichnungen „Minoriten", „Minderbrüder" oder „Barfüßer" ein; in Frankreich wurden die Franziskaner meistens als „Cordeliers", das heißt, Strickträger bezeichnet). Aus der religiösen Bewegung (religio) oder Bruderschaft (fraternitas) war damit ein Orden geworden, der sich anschickte, mit den älteren Mönchsorden der Katholischen Kirche in Konkurrenz zu treten, und der sie zu übertreffen suchte, und zwar durch das Niedrigersein, das im Verzicht auf Besitz und rechtliche Absicherung bestand (I Cel 38).

Zu der Portiuncula-Kirche (Santa Maria degli Angeli) hatte Franziskus ein besonderes Verhältnis: Er sah in ihr einen *heiligen Ort,* der von Gott selbst und der heiligen Jungfrau Maria durch reichere Gnade ausgezeichnet war als alle anderen Orte (3 Soc 56; Leg. Per. 56; II Cel 19). Er gebot deshalb den Brüdern, sich an diesem Platz festzusetzen und ihn um keinen Preis zu verlassen (I Cel 106). Nach seinem Willen sollte der dort angesiedelte Konvent in ganz besonderer Weise das in der Regel festgehaltene Lebensideal verwirklichen und so dem ganzen Orden als Vorbild und Modell (forma et exemplum totius religionis) dienen. Als bevorzugter Sitz des Generalministers sollte die Portiuncula-Kirche nach dem Willen des Ordensstifters „Mutter- und Hauptkirche der armen Minderbrüder" (mater et caput pauperum Minorum Fratrum) sein. Hier wollte er auch begraben werden. Bekanntlich haben sich Ordensleitung und Kirche nach seinem Tode über beide Wünsche hinweggesetzt.

Das Heiligtum von Portiuncula genoß von alters her bei der Bevölkerung der Umgebung eine hohe Verehrung als Marien- und Engelsheiligtum. Wie in anderen Fällen begegnen sich hier die religiösen Vorstellungen des Franziskus mit Elementen der Volksreligion, über die die offizielle kirchliche Theologie hinwegsieht oder die sie als „niedere" Frömmigkeitsformen in die Ecke des Aberglaubens zu stellen beliebt. Die im Volk verbreitete Heilssehnsucht aufnehmend, hat Franziskus die

Portiuncula zum Ort allgemeiner Vergebung und Heilsgewißheit erhoben (vgl. 3 Soc 56). Wie der Berg Alverna war die kleine Kirche im Tal unterhalb der Stadt Assisi ein heiliger Ort der Erlösung und Versöhnung. Die Inschriften auf der Türschwelle und über dem Eingangsportal bezeichnen die Portiuncula-Kirche als „heiligen Ort“ (HIC LOCUS SANCTUS EST) und „Pforte des ewigen Lebens“ (HAEC EST PORTA VITAE AETERNAE).

5. Das Ideal des Franziskus und die mittelalterliche Kirche

Allerhöchste Armut

Aus den Worten, die Jesus bei der Aussendung seiner Jünger an sie gerichtet hatte: „Ihr sollt weder Gold noch Silber besitzen, noch Geld in euren Gürteln mitnehmen, auch keinen Doppelsack auf eurem Weg, keine zwei Leibröcke, keine Schuhe, keinen Stock" (Mt 10,9 f.; vgl. Mk 6,8 f.; Lk 9,3), leitete Franziskus die Forderung der absoluten Besitzlosigkeit für sich und seine Anhänger ab. Das radikale Verständnis der „Lebensform nach dem heiligen Evangelium" war ihm zum erstenmal aufgegangen, als er zu Beginn des Jahres 1208 in der Portiuncula-Kirche das Evangelium von der Aussendung der Jünger gehört hatte. Subjektiv war er davon überzeugt, daß seine Auslegung der Worte Jesu die allein zutreffende war, das heißt, daß das, was er von sich und seinen Gefährten verlangte, tatsächlich die am Vorbild Christi und der Apostel orientierte Lebensweise war. Dennoch war diese Art des Lebens „nach der Form des heiligen Evangeliums" gegenüber früheren Versuchen einer radikalen Nachfolge Christi etwas Andersartiges und Neues. Die entsprechenden Anweisungen sind in den beiden erhaltenen Ordensregeln der Minoriten festgeschrieben: der so genannten „Regula non bullata", die in den Jahren 1209–1221 durch mehrere Erweiterungen aus der ursprünglichen Regel entstanden war, und der so genannten „Regula bullata", die der Papst Honorius III. im Jahre 1223 billigte und damit zum verbindlichen Grundgesetz des Ordens machte. Die hier von den Mitgliedern des Ordens verlangte „allerhöchste Armut" geht in ihrer Radikalität weit über alles hinaus, was in der Urkirche und in den traditionellen christlichen Mönchsorden praktiziert wurde.

Franziskus verlangte von seinen Anhängern den absoluten Verzicht auf jeglichen mobilen und immobilen Besitz. Selbst die Dinge des täglichen Gebrauchs, wie die Kleider, die sie am

Leib trugen, galten nur als Leihgaben. Geld durften sie nicht einmal berühren, geschweige denn bei sich tragen (Regula non bullata, c. 8; Regula bullata, c. 4.5). Das Armutsideal schloß auch das Verbot ein, große Kirchen und (Kloster-) Gebäude zu errichten, was Franziskus nochmals in seinem Testament einschärfte (Test. 24; vgl. II Cel 56; Leg. Per. 58). Das Besondere an der franziskanischen Armut, neben ihrer extremen Radikalität, ist jedoch vor allem der Umstand, daß sie nicht nur für das einzelne Mitglied der neuen Gemeinschaft, sondern auch für die Gemeinschaft insgesamt, in communi, Geltung haben sollte. Dies wurde denn auch der eigentliche Konfliktsstoff sowohl innerhalb des Ordens, für Kreise, denen an einer Aufweichung des Armutsideals gelegen war, als auch für die Amtsträger der Kirche, für die Vorbild und Anspruch einer besitz- und machtlosen Bruderschaft unerträglich waren. So haben alle Großpriester, mit denen Franziskus in nähere Beziehungen trat, angefangen von dem Bischof Guido von Assisi über den Kardinal Johannes von St. Paul und den Kardinalbischof Hugolino von Ostia bis zu dem Papst Innocenz III., Franziskus von dem radikalen Armutsideal abzubringen versucht. Schon zu seinen Lebzeiten wurde der Konflikt mit dem Kardinal Hugolino von Ostia heillos und nur durch verbale und höfliche Formen des Gehorsams und Entgegenkommens mühsam übertüncht.

Hugolino war zweifellos der gefährlichste Gegner des franziskanischen Armutsideals, weil er über drei Jahrzehnte der mächtigste Mann der Römischen Kirche war und Franziskus genau kannte und dessen Absichten durchschaute. Als er nach dem Tode des Franziskus als Gregor IX. Papst geworden war, hat er Franziskus zwar alsbald (1228) als überragenden Heiligen in das katholische Panagion aufgenommen, zugleich aber der Bewegung ihre radikale Spitze gebrochen, indem er das Testament des Franziskus, in welchem dessen wesentliche Anliegen festgehalten waren, für unverbindlich und rechtlich unwirksam erklärte. Damit war der erste wesentliche Schritt getan, der franziskanischen Bewegung ihr untergründig revolutionäres Potential zu nehmen und sie als normalen

Orden in das kirchliche Rechts- und Machtsystem zu integrieren.

Franziskus hatte sich den genau umgekehrten Vorgang vorgestellt oder erträumt: Er wollte die Kirche nicht nur reformieren, sondern er hielt deren Bekehrung für notwendig. Die Bekehrung der Kirche aber wollte er durch die Bekehrung der Prälaten erreichen (Leg. Per. 20):

Denn ich will durch Demut und Ehrfurcht zuerst die Prälaten bekehren. Wenn sie unser heiligmäßiges Leben und die Ehrfurcht ihnen gegenüber sehen, dann werden sie euch bitten, daß ihr predigt und das Volk bekehrt.

Sämtlichen Versuchen, hohe Kirchenfürsten zum Ideal der heiligen Armut zu bekehren, blieb jedoch zu Lebzeiten des Franziskus und später der Erfolg versagt. Im Gegenteil: In der zweiten Hälfte des 13. Jahrhunderts waren zahlreiche Bischofsstühle Italiens von Minoriten besetzt, auch der von Assisi; es gab franziskanische Kardinäle, und mit dem Generalminister Hieronymus von Ascoli (Nikolaus IV., 1288–1292) erklomm der erste Minderbruder den Apostolischen Stuhl. Daß diese Entwicklung dem Willen des Stifters diametral entgegenlief, braucht nicht eigens betont zu werden. Einem Versuch des Kardinals Hugolino, Minoriten zu Bischöfen zu machen, hatte Franziskus einmal in Rom mit folgenden Worten eine Abfuhr erteilt (Leg. Per. 49):

Herr, meine Brüder sind deshalb „geringere" genannt worden, daß sie sich nicht anmaßen, größere zu werden. Ihre Berufung lehrt sie, unten zu bleiben und den Spuren der Niedrigkeit Christi zu folgen. Nur dadurch sollen sie schließlich im Urteil der Heiligen höher als andere gestellt werden. Wenn Ihr wollt, daß sie Frucht bringen in der Kirche Gottes, dann haltet und bewahrt sie im Stande ihrer Berufung, ja versetzt sie gegebenenfalls nach unten, auch gegen ihren Willen, und gestattet auf gar keinen Fall, daß sie in den Hochklerus aufsteigen.

Heilige Einfalt

Größerer Erfolg war seinen Aufrufen zur Umkehr und seinen Predigten an das einfache Volk beschieden. Er setzte mehr auf das tätige Beispiel als auf viele Worte. In diesem Zusammenhang sind seine zahlreichen Zeichenhandlungen, die bis ins Groteske sich steigernden theatralischen Darstellungen (Performances) des „Spielmanns Gottes" (ioculator Dei: Leg. Per. 81; vgl. II Cel 127) zu verstehen, die auch von einigen seiner ersten Gefährten übernommen wurden. Sie bringen das Ideal der „heiligen Einfalt" (sancta simplicitas) zum Ausdruck. Franziskus hat sich selbst bei vielen Gelegenheiten als einfältig und gänzlich ungebildet (simplex et idiota: 3 Soc 64; II Cel 145; vgl. Epistola toti Ordini missa, 39; Testamentum, 29) bezeichnet. Die „heilige reine Einfalt" (sancta pura simplicitas: Salutatio virtutum, 1; II Cel 189) sollte nach seinem Willen eine der Grundtugenden und großen Ideale seiner Bewegung sein. Thomas von Celano beschreibt die heilige Einfalt als diejenige Tugend, „welche die griechischen Ehren nicht für die allerbesten hält, sondern dem Tun den Vorzug gibt vor dem Lernen und Lehren" (II Cel 189).

Die Predigt des Franziskus, in der tiefgründige Gedanken in einer einfachen, klaren Sprache ausgesprochen wurden, machte auf die Zeitgenossen, die in den Städten zu Tausenden zusammenströmten, einen tiefen Eindruck. In der ersten Celano-Legende befindet sich die knappe, präzise Beschreibung, die ein Augenzeuge vom Stil dieser Predigt und dem Eindruck, den sie auf die Zuhörer machte, gibt (I Cel 72):

Obwohl er das Wort Gottes überaus häufig unter vielen Tausenden von Menschen predigte, war er doch so sicher, als ob er mit einem vertrauten Gefährten redete. Die Riesenmasse der Leute sah er gleichsam wie einen einzigen Mann an, und einem einzelnen konnte er wie einer Menge mit großem Engagement predigen. Aus seiner reinen Gesinnung heraus verschaffte er sich die Sicherheit, in freier Rede zu sprechen, und ohne lange Vorüberlegungen sprach er zu allen wundersame und unerhörte Dinge.

Es ist hier von der tiefen Wirkung die Rede, die Auftreten und Reden des Franziskus bei seinen Zuhörern auslösten. Umso merkwürdiger ist, daß von dem *Inhalt* seiner Predigten kaum etwas überliefert ist. In der ersten Celano-Legende werden zwei Sätze aus der Vogelpredigt von Bevagna zitiert, in der Franziskus die Vögel so ansprach, *als ob sie Vernunft besäßen* (I Cel 58). Überliefert sind ferner die Themen von zwei weiteren Predigten: Der Chronist Jordan von Giano berichtet von einer Predigt, die Franziskus auf dem berühmten „Strohmatten-Kapitel" (Pfingsten 1221) über die Worte aus dem 40. und dem 17. Psalm: „Gepriesen sei der Herr, mein Gott, der meine Hände für die Schlacht kundig macht" gehalten hatte und bei der er selbst anwesend war (Chron. 16).

Am Mariae-Himmelfahrtstag (15. August) 1222 hielt Franziskus auf der Piazza Comunale von Bologna vor einer riesigen Volksmenge eine Predigt, die der Erzdiakon Thomas von Spalato, damals Student in Bologna, hörte. Auch Thomas überliefert nichts weiter als das Thema: „Die Engel, die Menschen, die Dämonen". Auch in dem Bericht, den Celano von der Weihnachtsmesse gibt, die der Heilige 1223 in Greccio inszenierte, um das Städtchen am Rande des Tals von Rieti zum „neuen Bethlehem" zu machen, werden über den Inhalt der Predigt nur Andeutungen gemacht (I Cel 84–86).

In allen genannten Fällen geht es um fundamentale Fragen der *(Welt-)Erlösung.* Die Gründe für die nur schattenhafte Überlieferung der Ausführungen des Franziskus sind deshalb naheliegend: Ungeachtet ihrer „einfältigen" Form überforderten seine Worte das in traditionellen Denk- und Kultformen befangene Vorstellungsvermögen der Hörer. Die alten Biographen heben denn auch oft das Neuartige und Ungewohnte am Verhalten und den Worten des Franziskus hervor. Da die Ideen des Heiligen aber nicht nur an die Grenzen des im Rahmen der kirchlichen Rechtgläubigkeit Erträglichen rührten, sondern nicht selten darüber hinausgingen, bestand kein Interesse daran, sie im Detail festzuhalten.

Entsprechend dem Ideal der „heiligen Einfalt" war Franziskus von einem tiefen Mißtrauen gegenüber der Wissenschaft, der heiligen Theologie, erfüllt. Alle Bücher, selbst die Bibel, hielt er im Grunde für überflüssig. In seinen apokalyptischen Ahnungen sah er „Zeiten der Verwirrung“ kommen, in denen Bücher nichts mehr nützen und achtlos auf Fensterbänke und in dunkle Gelasse geworfen würden (Leg. Per. 47; II Cel 195). Andererseits konnte man nicht auf die Aus- und Weiterbildung der zahlreichen Priester und Theologiestudenten verzichten, die schon in den ersten Jahren in den Orden eintraten. Franziskus beauftragte deshalb den gelehrten portugiesischen Theologen Antonius (es ist der später als großer Wundertäter verehrte heilige Antonius von Padua) damit, für die Brüder Theologie zu lesen (Epistola ad S. Antonium). Und noch in seinem Testament hat er festgehalten (Test. 13; Leg. Per. 103):

Alle Theologen und diejenigen, die uns durch ihren Dienst die allerheiligsten Worte Gottes vermitteln, müssen wir hochachten und ehren als diejenigen, die uns Geist und Leben vermitteln.

Der hochgespannte Versuch, Einfalt und Gelehrsamkeit zusammenzuspannen, sollte sich jedoch in der geschichtlichen Wirklichkeit als ein unlösbares Dilemma erweisen, das ebenso wie das Armutsideal spaltend wirkte und der Bewegung letztlich zum Verhängnis wurde.

Radikaler Gehorsam

Den vollkommenen Gehorsam, wie er ihn von einem Ordensmann erwartete, hat Franziskus in einem seiner Gleichnisse mit dem Bild eines menschlichen Leichnams beschrieben (II Cel 152; Spec. perf. 48). Er gab damit seinen Anhängern zu verstehen, wie sie sich in diesem Punkt von dem, was in anderen Orden üblich war, zu unterscheiden hätten. Der in dem Gleichnis beschriebene *Kadaver-Gehorsam* bedeutet nichts anderes als den radikalen Verzicht auf den eigenen Willen, die völlige Selbstaufgabe. Nach der zweiten Ermahnung des Franziskus besteht die Ursünde im Ungehorsam (Admon. 2), und in der dritten Ermahnung spricht er vom „Auswurf“ (vomitus) des eigenen Willens (Admon. 3). Einen solchen Kadaver-

Gehorsam hatte es in den älteren, an der Benedikts-Regel orientierten Mönchsorden nicht gegeben. Ein gravierender Unterschied zu dem, was in den älteren Orden auf diesem Gebiete üblich war, besteht allerdings auch darin, daß die gleiche Selbstdemütigung und Schäbigkeit, wie die „Drei-Gefährten-Legende" sagt, auch von den Amtsträgern erwartet wird (3 Soc 42). Das Bedenkliche und Gefährliche dieses Gehorsamsideals wird aber aus dem nachfolgenden Satz der gleichen Legende deutlich:

> Sie machten keinen Unterschied zwischen gerechter und ungerechter Vorschrift, weil sie der Meinung waren, daß alles, was angeordnet wurde, dem Willen des Herrn entspreche.

Zu Beginn des „konfessionellen" Zeitalters, im 16. Jahrhundert, hat dann bekanntlich Ignatius von Loyola (1491–1556), der auch sonst viel franziskanisches Gedankengut in seiner Gesetzgebung und seiner Spiritualität übernommen hat, das Ideal des franziskanischen *Kadaver-Gehorsams* erneuert, indem er von den Mitgliedern seiner Gesellschaft Jesu einen an dem Verhalten eines Krückstocks in der Hand eines alten Mannes oder dem eines Leichnams orientierten Gehorsam verlangte. Die Erfahrungen, welche die neuere Kirchen- und Sektengeschichte vor Augen führt, zeigen, daß man um das Psychopathische und Menschenfeindliche solcher vorgeblichen „Ideale" nicht herumreden und sie nicht beschönigen darf – was den ernsthaften Versuch, sie in ihrem religionsgeschichtlichen Kontext zu verstehen, nicht ausschließt.

In den Worten *cathedra* und *purpura* enthält das Gleichnis von dem Leichnam einen *verdeckten Hinweis* auf die Prälaten, die Großpriester, die sich in purpurne Gewänder kleiden und auf einer *cathedra* inthronisieren lassen. Damit ist – über die Primärintention des Gleichnisses hinaus – gesagt, daß auch die hohen Prälaten, trotz ihrer zeitweiligen Verkleidung, in den Augen Gottes „Leichen" sind. Der Minderbruder dagegen, der durch den radikalen Gehorsam gewissermaßen zum Toten wird, gelangt damit zu seinem eigentlichen Wesen.

Das Gehorsamsideal steigerte sich bei Franziskus zu einer extremen Demütigung und Selbsterniedrigung, so wie er es in seiner berühmten Erzählung „von der wahren und vollkommenen Freude“ erläutert hat (s. u. Kap. 7). Wenn aber Franziskus von sich selbst, den Oberen des Ordens und den kirchlichen Amtsträgern die tiefste Selbstdemütigung verlangt, dann wird damit die hierarchische Struktur des Ordenswesens und der gesamten Kirche gewissermaßen konterkariert. Andererseits bedeutet die tiefste Erniedrigung des Minderbruders zugleich dessen höchste Erhöhung in den Augen Gottes. Als Demütigster von allen steht Franziskus Gott am nächsten. Seine Lehre und Predigt ist vom Heiligen Geist inspirierte, authentische Gottesoffenbarung; sie ist in der Sache nichts anderes als die in den Evangelien festgehaltene Lehre Christi. Die extreme Gehorsamsvorstellung des Franziskus enthält somit in doppelter Hinsicht, nämlich was die Struktur der mittelalterlichen Kirche und was deren Lehre betrifft, ein subversives, ein revolutionäres Element.

Die Botschaft des Friedens

Neben dem Aufruf zur Buße und Umkehr enthielt die Verkündigung des Franziskus und seiner ersten Gefährten vor allem die Botschaft des Friedens. Mit dem ihm seiner Überzeugung nach von Gott selbst geoffenbarten Gruß: „Der Herr gebe dir Frieden!“ (Test. 23) grüßte Franziskus Menschen, Tiere, Pflanzen und leblose Naturerscheinungen. Nach dem Zeugnis der älteren Lebensbeschreibungen hatte dieser Gruß eine friedenstiftende Wirkung (3 Soc 26; I Cel 23; Cel Legenda ad usum chori 4). Auf dem ältesten erhaltenen Bildnis des Franziskus, dem vermutlich aus dem Jahre 1228 stammenden Fresko in der Heiligen Höhle von Subiaco, hält er in der linken Hand ein entrolltes Pergamentblatt, auf dem zu lesen ist: PAX HVIC DOMVI (Frieden diesem Haus!). Dieser evangelische Gruß (nach Lk 10,5) wird in beiden Ordensregeln den Brüdern zur Pflicht gemacht, wenn sie ein Haus betreten (Regula non bull. 14; Regula bull. 3). Franziskus stiftete Frieden ebenso in den gestörten Verhältnissen einzelner Menschen wie in größeren sozialen Einheiten: den Familienverbänden, Städten und Landschaften. Die Biographen berichten des öfteren, daß er mit seinen Predigten die Feindschaften sich erbittert bekriegender Parteien, dieses alte Krebsübel italienischer Städte, beendete.

Friedensverständnis und Friedenspraxis des Franziskus wurzeln letztlich in seiner Auffassung von Schöpfung und Erlösung. Nicht nur die „bösen" Weltleute, sondern auch die Tiere, Pflanzen und Naturelemente sind Kinder eines guten Schöpfers, untereinander Geschwister und zur endgültigen Erlösung bestimmt. Die „Drei-Gefährten-Legende" gibt diese „theologische Motivation" in wenigen prägnanten Sätzen an (3 Soc 58):

Er wies auch die Brüder an, über keinen Menschen zu urteilen und die nicht zu verachten, die im Luxus leben und sich ausgefallen und übertrieben kleiden; denn Gott ist unser und ihr Herr, der sie zu sich rufen und die so Berufenen rechtfertigen kann. Er sagte auch, es sei sein Wille, daß die Brüder solche Leute mit Ehrfurcht behandelten, als ihre Brüder und Herren: weil sie Brüder sind, insofern sie von ein und demselben Schöpfer erschaffen wurden, Herren, insofern sie den Guten helfen, Buße zu tun, indem sie ihnen das für ihre leibliche Existenz Notwendige zur Verfügung stellen. Und er fügte hinzu, das Verhalten der Brüder unter den Leuten müsse so sein, daß jedermann, der sie höre und sehe, den himmlischen Vater ehre und andächtig lobe ... Er sagte ferner:

„Wie ihr den Frieden mit dem Mund ankündigt, so sollt ihr ihn in euren Herzen und darüber hinaus haben. Niemand soll durch euch zum Zorn und Ärgernis provoziert werden, vielmehr sollen alle durch eure Sanftmut zum Frieden, zur Güte und Eintracht angeregt werden. Denn wir sind dazu berufen, die Verwundeten zu heilen, denen mit gebrochenen Knochen einen Verband anzulegen und die Irrläufer zurückzurufen. Denn viele scheinen uns Glieder des Teufels zu sein, die später einmal Jünger Christi sein werden."

Wie Franziskus das Geschwistersein mit den Tieren und den unbelebten Kreaturen von dem gemeinsamen Schöpfer herleitet, so sind die „Weltleute" als Brüder anzusehen, weil Gott auch sie geschaffen hat und ihnen überdies in der christlichen Gesellschaft ihren sinnvollen Platz angewiesen hat. Die Energie des Bösen soll durch das friedenstiftende Wirken der Brüder gewissermaßen ins Leere laufen. In dem heute noch Bösen erblickt der, der den Frieden im Herzen hat, denjenigen, den Christus – vielleicht morgen schon – erlösen und zu seinem Jünger machen wird. Franziskus erkennt und beurteilt demnach die Menschen und die gesamte Welt nach ihrer eschatologischen Bestimmung. Er sieht gewissermaßen „überzeitlich", mit den Augen Gottes.

Diese Haltung findet einen besonders prägnanten Ausdruck in dem 22. Kapitel der älteren Regel (Regula non bullata). Franziskus legt dort allen Brüdern die *Feindesliebe* ans Herz, nach dem Vorbild Christi, der seinen Verräter „Freund" nannte (Mt 26,50) und sich den Henkern, die ihn kreuzigten, freiwillig darbot. Und dann die Folgerung:

> Unsere Freunde sind also alle diejenigen, die uns in ungerechter Weise Trübsal und Bedrängnis, Schmach und Unrecht, Schmerzen und Qualen, Martyrium und Tod zufügen. Sie alle müssen wir sehr lieben, weil wir in Folge dessen, was sie uns antun, das ewige Leben haben.

Das Böse und die Bösen, die es verursachen und praktizieren, sind hier in den Heilsplan und die Erlösertätigkeit Gottes einbezogen und erscheinen in positivem Licht. Sogar Judas, der nach der in der mittelalterlichen Christenheit geläufigen Vorstellung zusammen mit den Caesarmördern Brutus und Cassius in der untersten Hölle, dem Rachen des Teufels schmorte, zählt in Wirklichkeit zu den Freunden, weil er im Erlösungsdrama an maßgeblicher Stelle mitwirkte – eine Vorstellung, die es erst im Zeitalter des Barock zur bildlichen Gestaltung brachte, wie in der Abteikirche von Ochsenhausen in Oberschwaben, wo der „heilige Verräter Judas" wieder Aufnahme in das Apostelkollegium gefunden hat.

Was Frieden und Versöhnung im franziskanischen Sinne in einer „kranken" Gesellschaft bedeuten, bringt ein Jahrhundert nach Franziskus noch einmal in meisterhafter Weise die wunderbare Erzählung von dem *Wolf von Gubbio* zur Sprache.

Sie ist enthalten in dem 21. Kapitel der „Fioretti" genannten Legendensammlung. Die dort berichteten Ereignisse haben mit dem Leben des „historischen" Franziskus so gut wie überhaupt nichts zu tun, sind also reine Legende (im modernen Sinn des Wortes). Der Wolf, der einen von der Gesellschaft verstoßenen und geächteten Gesetzesbrecher, einen „Outlaw", symbolisiert, wird durch das friedenstiftende Wirken des Franziskus mit der Bevölkerung der Stadt Gubbio versöhnt und als „friedlicher Bürger" in das städtische Leben integriert. Für seine schweren Verbrechen in der Vergangenheit, Raub und Mord, wird er nicht, wie er es eigentlich verdient hätte, mit dem Tode bestraft, sondern er erlangt Vergebung und Gnade. Denn die Ursache alles Bösen, das er Menschen und Tieren angetan hat, war der Hunger, das heißt, die Verweigerung des für ihn Lebensnotwendigen durch die städtische Gesellschaft, aus welchen Gründen auch immer. Im Verlauf der Vorbereitungen des Friedensvertrags, den Franziskus zwischen der Stadt und dem Wolf vermittelt, legt der Heilige denn auch die „Sünden" der Gesellschaft offen: Plagen wie Wölfe und Epidemien sind von Gott zugelassene Strafen, die indes ungleich geringer sind als die den nicht mit Gott Versöhnten drohende Verdammnis.

Ob die Menschen in Italien und in der übrigen Welt durch die franziskanische Friedensbotschaft besser und friedfertiger geworden sind, mag man bezweifeln, und es zu beurteilen, liegt außerhalb der Kompetenz des Historikers. Sicher ist jedoch, daß die literarischen Zeugnisse darüber zu dem Hervorragendsten und Nachdenkenswertesten gehören, was der menschliche Geist hervorgebracht hat.

Jungfräulichkeit und Keuschheit

Das Keuschheits- und Jungfräulichkeitsideal, das den Verzicht auf sexuelle Betätigung jeglicher Art verlangte, gehört zu den tragenden Säulen des christlichen Mönchtums seit dessen Entstehung. Bei Franziskus selbst und seinen ersten Gefährten ist auch dieses Ideal zu extremer Radikalität gesteigert, sowohl was die selbstquälerischen, zuweilen masochistischen Methoden, um den Trieb zu bekämpfen, betrifft, als auch die Vorsichts- und Trennungsmaßnahmen gegenüber Frauen. Ein nicht unwesentlicher Grund hierfür scheint in der Persönlichkeitsstruktur des Franziskus selbst zu liegen: in seiner zweifellos starken Sexualität und seinem krankhaft-neurotischen Verhältnis zu Frauen, das auch von ihm nahestehenden Zeitgenossen als unnormal empfunden wurde.

In seiner zweiten Lebensbeschreibung erzählt Celano, wie in der Nähe von Bevagna einmal eine fromme Frau und ihre gottgeweihte (virgo Deo devota) Tochter den von übermäßigem Fasten erschöpften Franziskus mit Brot und Wein stärkten (II Cel 114; dies ist eine der Stellen, aus denen klar hervorgeht, daß Franziskus Wein trank, also kein Abstinenzler war). Nachdem er sich erholt hatte, predigte er den Frauen, ohne sie dabei anzusehen. Der mitreisende Gefährte hatte dafür kein Verständnis und fragte Franzikus, weshalb er die heilige Jungfrau nicht angesehen habe, die mit so großer Verehrung zu ihm gekommen war. Der Heilige antwortete: „Wer müßte nicht Furcht haben, die Braut Christi anzusehen?" Zwar geht es hier tatsächlich um eine gottgeweihte Jungfrau. Doch hat Franziskus es generell vermieden, Frauen offen anzusehen. Einem seiner Gefährten gesteht er einmal, er kenne überhaupt nur zwei Frauen von Angesicht (II Cel 112; vermutlich sind Klara von Assisi und die adelige römische Dame Jacopa dei Settesoli, die er mit „Bruder Jacoba" anredete, gemeint). Wie er oftmals betonte, hielt er *jedes Gespräch* mit einer Frau für leichtfertig, ausgenommen allein die Beichte und kurzgefaßte Ermahnungen zur Buße (II Cel 114).

Die überaus strenge Auffassung, die Franziskus von der Keuschheit hatte und die – wie es auch bei den beiden anderen traditionellen Mönchstugenden, Armut und Gehorsam, der Fall ist – weit radikaler verstanden wird als das, was in früheren Zeiten von Ordensleuten erwartet wurde, kommt in dem *Gleichnis von den zwei Königsboten* zur Sprache. Es ist sowohl in der „Legenda Perusina" (37) wie in der zweiten Celano-Legende (113) überliefert.

Ein frommer, mächtiger König schickte nacheinander zwei Boten zu einer Königin. Der erste kehrte zurück und berichtete, wobei er nur die Botschaft mit seinen Worten wiedergab. Als weiser Mann behielt er nämlich seine Blicke in seinem Kopf zurück und ließ sie nicht umherschweifen. Auch der zweite kehrte zurück, und nach wenigen Worten seiner Botschaft spann er eine lange Geschichte über die Schönheit der Dame zusammen.

„Wirklich, Herr, ich habe eine überaus schöne Frau gesehen. Glücklich, wer sie genießen kann!"

Aber der König antwortete: „Du nichtswürdiger Knecht! Hast du deine unkeuschen Blicke auf meine Braut geworfen? Natürlich wolltest du die Ware kaufen, die du dir so genau angesehen hast!"

Dann ließ er den ersten nochmals rufen und sagte: „Was hältst du von der Königin?"

Der antwortete: „Ich habe einen sehr guten Eindruck, weil sie mich bereitwillig anhörte und klug antwortete."

„Ist sie denn überhaupt nicht schön?"

Er antwortete: „Es ist deine Sache, dir das näher anzusehen. Meine Aufgabe war es lediglich, die Worte mitzuteilen."

Da erging seitens des Königs folgender Urteilsspruch:

„Du, der du keusche Augen hast, bleibe mit noch keuscherem Leib in meiner Wohnung! Der da aber soll das Haus verlassen, damit er mein Ehebett nicht befleckt!"

Der Heilige fügte hinzu: „Wer würde sich nicht fürchten, eine Braut Christi anzuschauen?"

Es scheint aus dem Gleichnis hervorzugehen, daß Franziskus *in jeder Frau* die potentielle Braut Christi sah. Möglicherweise ist diese rigorose Auffassung durch katharischen Einfluß bedingt. Und noch ein entscheidendes Element des Gleichnisses darf nicht übersehen werden: Der „keusche" Herold wird mit der Würde eines königlichen Kämmerers ausgezeichnet. Damit wird auf den *himmlischen Lohn* hingewiesen, der den erwartet, der die irdische „Strapaze" der sexuellen Enthaltsamkeit ebenso wie die der Armut und Selbstverleugnung auf sich nimmt.

Der Abstand, den Franziskus zum weiblichen Geschlecht einzuhalten suchte, betraf auch die Frauen der eigenen Bewegung, ja sogar die ihm besonders nahestehende Klara von Assisi. Bruder Stephanus, ein langjähriger Gefährte, den der Heilige noch selbst in den Orden aufgenommen hatte, berichtet (Vita del povero Francesco, c. 51), Franziskus habe Klara, wenn er von ihr sprach, nicht mit ihrem richtigen Namen, sondern „Christiana" genannt. Als sich die Schwestern in einigen Klöstern in Anlehnung an die „Fratres Minores" (Minderbrüder) als „Sorores Minores" (Minderschwestern) bezeichneten, ärgerte er sich maßlos und ließ es ihnen durch den Protektor des Ordens, den Kardinal Hugolino, untersagen. Sie durften sich in Zukunft nur noch „Damen" oder „Frauen" nennen. Bei dieser Gelegenheit sah er sich zu dem denkwürdigen Spruch veranlaßt:

Gott hat die Ehefrauen von uns genommen, und der Teufel hat uns die Schwestern besorgt: Deus a nobis astulit uxores, et diabolus procuravit sorores.

Die ältere Regel der Minderbrüder verbietet den Mitgliedern des Ordens den gesellschaftlichen Umgang mit Frauen, wozu auch gemeinsame Mahlzeiten gehören (Regula non bull., c. 12). Die sexuelle Beziehung mit einer Frau („Huren auf Anstiften des Teufels") wird in der gleichen Regel mit dem definitiven Ausschluß aus der Bruderschaft und dem Verlust des Ordenskleides sanktioniert (ebd. c. 13). Die endgültige Ordensregel von 1223 bringt hier – wohl aufgrund der Erfahrungen, die man inzwischen mit einem allzu hoch gespannten Keuschheitsideal gemacht hatte – eine Milderung: Zwar verbietet auch sie noch den vertrauten Umgang mit Frauen, der Anlaß zu Verdächtigungen geben könnte (suspecta consortia vel consilia mulierum), und das Betreten von Frauenklöstern (Regula bull., c. 11), doch ist es im Falle einer schweren Sünde möglich, durch den zuständigen Provinzialminister Verzeihung und Absolution zu erhalten und sich der auferlegten Buße *innerhalb des Ordens* zu unterziehen (ebd. c. 7).

Franziskus selbst bemühte sich, die natürlichen Regungen seines Körpers mit rigorosen, oftmals barbarischen Mitteln zu unterdrücken. Er traktierte „Bruder Esel" zuweilen mit Dorngestrüpp und Eisklumpen (I Cel 40–42; II Cel 116). So wie er sich die Lust an geschmackvollen Speisen durch Hinzufügen des *keuschen* „Bruders Asche“ oder kalten Wassers zu verderben suchte (3 Soc 15; I Cel 51), so vergällte er seinem Körper auch die Lust auf sexuelle Betätigung durch teils subtile, teils drastische Methoden der Selbstquälerei. Von den ersten Brüdern wird berichtet, daß sie das Aufkommen der Begierde unterdrückten, indem sie sich im Winter nackt in Eis und Schnee wälzten, zu anderen Jahreszeiten sich mit Stricken und dornigen Ästen bis aufs Blut geißelten (I Cel 40). Während des Aufenthaltes in Rivotorto (1209) tauchte Franziskus, wenn ihn eine fleischliche Versuchung überkam, in ein eisgefülltes Loch und blieb solange darin, bis jegliche Erregung (carnis corruptela) ausgelöscht war (I Cel 42). Auch im späteren Verlauf seines Lebens hat er Eis und Schnee als „Heilmittel“ gegen seine offenbar starke Sexualität angewandt. In der Einsiedelei von Sarteano wälzte er sich einmal nackt im Schnee und machte sich aus sieben Schneefiguren eine „Familie“ für seinen Körper, den er zuvor mit „Bruder Esel“ angeredet hatte (II Cel 116f.). Daß das Resultat von alldem ein vielfältiges psycho-somatisches Krankheitsbild bei dem Heiligen und nicht wenigen seiner Anhänger war, ist nicht verwunderlich und kann nicht mit dem Hinweis auf „mittelalterliche“ Verhältnisse verharmlost werden.

6. Welterlösung

Die untergründige Güte der Dinge

Mit der zunehmenden Angleichung an die Gestalt des gekreuzigten Erlösers und dem schließlichen Verschmelzen mit demselben zu einer einzigen Person, die Franziskus seit der Vision des Crucifixus von S. Damiano an sich erlebte und inszenierte, muß sich bei ihm die Vorstellung entwickelt haben, daß die von Christus gewirkte Erlösung eine unvollkommene geblieben war. In seinem Verständnis waren die Tiere, die Pflanzen und die großen Naturerscheinungen, wie Sonne, Mond, Erde, Feuer, Wind und Wasser, beseelte Wesen, die von Gott geschaffen und auch zum endgültigen Heil berufen waren. Deshalb konnte er ihnen predigen und sie zum Lob Gottes ermahnen, als ob es sich um vernunftbegabte Wesen handelte. Das wohl bekannteste Beispiel hierfür ist die Predigt, die er in der Nähe von Bevagna in Umbrien einer Schar von Vögeln hielt, die sich auf einem (herbstlichen) Feld versammelt hatten (I Cel 58). Dieses Verhalten den scheinbar vernunftlosen Kreaturen gegenüber, das schon den damaligen Zeitgenossen aufgefallen ist, entspringt nicht einem gefühlsmäßigen Überschwang oder einer romantischen Naturbegeisterung, wie es in modernen populären, aber auch in wissenschaftlichen Darstellungen gelegentlich zu lesen ist, sondern der Überzeugung, daß nicht nur die Menschen, sondern alle Geschöpfe Gottes eine Seele und göttliches Leben in sich tragen und nach dem Plan Gottes wie die Menschen zur Erlösung bestimmt sind.

Franziskus teilt diese Auffassung mit dem Katharertum seiner Zeit. Doch im Unterschied zu dem katharischen Weltbild, das in der Schöpfung das Werk zweier göttlicher Mächte, der guten und der bösen, sah, erkennt Franziskus in allen Dingen eine „untergründige Güte" (fontalis bonitas), die ihren Ursprung in einem einzigen, guten Gott hat (II Cel 165). Ein qualitativer Unterschied zwischen „höheren", geistigen Wesen und „niederen", materiellen Dingen existiert für Franziskus nicht. Die nicht-menschlichen Wesen sind für ihn nicht etwa Geschöpfe minderen Ranges. Wie seine Gefährten bezeugen, war sein Verhältnis zu ihnen von *religiöser Ehrfurcht* (pietas) und *Mitleid* (compassio) bestimmt. Er konnte aus der Fassung geraten, wenn es jemand an Ehrfurcht gegenüber den Kreaturen fehlen ließ (Leg. Per. 86). Dieser Haltung entspricht sein Eintreten für Erhaltung und Schonung der Natur. (Er konnte deshalb zum Patron und „Guru" moderner ökologischer Bewegungen werden.) Er sammelte Raupen und Würmer vom Weg ein, damit sie nicht zertreten würden; wenn er im Winter Bienen zu Gesicht bekam, ließ er sie mit Honig und Süßwein füttern, um ihr Überleben zu sichern (I Cel 80). Wenn die Brüder Brennholz schlugen, wies er sie an, den Stamm nicht an der Wurzel abzuhauen, sondern einen Stumpf stehen zu lassen, der wieder ausschlagen konnte; der Gärtner sollte um den (Kloster-) Garten herum nicht kultivierte Landstreifen übrig lassen, damit die wilden Pflanzen und Blumen zu ihrer Zeit Zeugnis geben könnten von der *Schönheit* des Vaters aller Dinge; ein „Gärtchen im Garten" (hortulus in horto; orticellus) sollte für wohlriechende Kräuter und Blütenpflanzen reserviert bleiben, die in dem Betrachter „das Andenken an das ewige Wohlbefinden" erwecken sollten (Leg. Per. 88; II Cel 165). Franziskus hatte auch vor, mit dem Kaiser (Friedrich II.) über den Erlaß eines Gesetzes zu sprechen, das den Fang von Lerchen verbieten und die Fütterung der Lerchen und der anderen Vögel um die Weihnachtszeit vorschreiben sollte (Leg. Per. 14; II Cel 200). Zu einer Begegnung des Franziskus mit Friedrich II. ist es nie gekommen; doch war der Nachfolger des Franziskus als Generalminister des Minoritenordens, Elias von Cortona, ein enger und hochgeschätzter Freund des Kaisers.

Es wäre nicht sachgerecht, wenn man bei Franziskus von einem „theologischen Verhältnis" zur Natur oder einer „Theologie der Natur" sprechen würde. Aber er hatte zweifellos ein meditatives, nachdenkendes Verhältnis zur Welt, die ihn umgab und die er mit wachen – also keineswegs weltabgewandten! – Sinnen wahrnahm. Die Naturerscheinungen enthielten für ihn erstens Hinweise auf den guten Schöpfer. Sie gaben ihm zweitens Zeugnis von der Erlösungsbedürftigkeit der Kreatur und dem Leiden des Erlösers – wie es die erste Celano-Legende bei Erwähnung seiner Liebe zu den Würmern eigens hervorhebt: „weil er die Aussage über den Erlöser gehört hatte: Ich bin ein Wurm und kein Mensch“ (Ps 21,7; I Cel 80). Er erkannte schließlich drittens die endgültige Bestimmung aller Geschöpfe, so wie es schon im Römerbrief des Apostels Paulus ausgesprochen ist: „Auch die Kreatur wird von der Knechtschaft der Verderbnis befreit werden zur Freiheit der Kinder Gottes“ (Rom 8,21).

Er nannte schließlich alle Kreaturen Brüder und Schwestern, und er durchschaute auf eine hervorragende und anderen unbekannte Weise mit seinem geistigen Scharfblick das verborgene Innere der Geschöpfe als einer, der schon zur Herrlichkeit der Söhne Gottes gelangt war.

Zwar ist es der Biograph Thomas von Celano, der dem Heiligen diese „eschatologische“ Betrachtung der Natur unterstellt (I Cel 81), aber es kann kein Zweifel sein, daß seine Darstellung zutreffend ist, denn sie wird durch die vertrauten Gefährten ausdrücklich bestätigt (Leg. Per. 88):

Wir, die mit ihm zusammen waren, sahen, wie er sich bei fast allen Kreaturen innerlich und äußerlich beständig freute, wie er sie berührte und gerne sah, so daß sein Geist nicht auf der Erde, sondern im Himmel zu sein schien.

Das Sonnenlied

Das berühmte „Sonnenlied“ (Canticum Fratris Solis; Laudes Creaturarum) besingt das Verhältnis des Franziskus zu Gott und Welt in dichterischer Form; in ihm ruft er zum Lob Gottes *für* die Geschöpfe und *mit* ihnen auf.

(1) Höchster, allmächtiger, guter Herr,
Dein sind die Lobgesänge, die Herrlichkeit und die Ehre und jegliche Preisung.
Dir allein, Höchster, gebühren sie,
Und kein Mensch ist würdig, dich zu nennen.

(2) Gelobt seist du, mein Herr, mit allen deinen Geschöpfen, Besonders Herrn Bruder Sonne;
Der ist Tag, und du gibst uns Licht durch ihn,
Und schön ist er und strahlend mit großem Glanze;
Von dir, Höchster, gibt er Eindruck.

(3) Gepriesen seist du, mein Herr, für Schwester Mond und die Sterne:
Am Himmel hast du sie geschaffen, hell, kostbar und schön.

(4) Gelobt seist du, mein Herr, für Bruder Wind
Und für Luft und Wolke und heiteres und jedes Wetter,
Durch das du deinen Geschöpfen Erhaltung gibst.

(5) Gelobt seist du, mein Herr, für Schwester Wasser,
Die gar nützlich ist und bescheiden und kostbar und keusch.

(6) Gelobt seist du, mein Herr, für Bruder Feuer,
Durch den du die Nacht erleuchtest,
Und er ist schön und erfreulich und stark und kräftig.

(7) Gelobt seist du, mein Herr, für unsere Schwester Mutter Erde,
Die uns erhält und leitet
Und mannigfache Früchte hervorbringt und bunte Blumen und Kräuter.

(8) Gelobt seist du, mein Herr, für die, welche vergeben um deiner Liebe willen,
Und die Krankheit und Trübsal ertragen;
Selig, die sie in Frieden ertragen werden,
Denn von dir, Höchster, werden sie gekrönt werden.

(9) Gepriesen seist du, mein Herr, für unsere Schwester leiblichen Tod,
Vor der kein lebender Mensch entrinnen kann.
Weh denen, die in den Todsünden sterben!
Selig, die sie in deinem allerheiligsten Willen findet,
Denn der zweite Tod wird ihnen nichts anhaben.

(10) Lobet und preiset meinen Herrn
Und danket und dienet ihm mit großer Demut!

Die erste Strophe betont die Allmacht und Güte des Schöpfers und zugleich dessen Erhabenheit über alle menschlichen Benennungen. In der zweiten Strophe wird als erstes von den Geschöpfen die Sonne genannt. „Herr Bruder Sonne“ ist, dem

Usus der romanischen und anderer mediterraner Sprachen gemäß, männlichen Geschlechts. (Noch Friedrich Hölderlin, in seinem Gedicht „Sonnenuntergang“, spricht von dem „entzückenden Sonnenjüngling“.) Als vornehmster und strahlendster unter allen für den Menschen sichtbaren Geschöpfen stellt „Herr Sonne“ Gott dar (porta significatione). Im Gegensatz zur Sonne sind die Gestirne der Nacht, Mond und Sterne, „Schwestern“ des Menschen, also weiblichen Geschlechts. Der Dichter hebt ihre *Schönheit* hervor. In der vierten Strophe ist von den Erscheinungen des Wetters die Rede. Das Wetter ist das Unberechenbare, Ungeordnete, Chaotische schlechthin. Franziskus dagegen sieht in dem Wetter das Element, durch das Gott für die *Erhaltung*, den Weiterbestand seiner Geschöpfe sorgt. Deshalb liegt der Ton auf: *jedes* Wetter. „Schwester Wasser“ hat unter den für den Menschen dienstbaren Geschöpfen einen besonderen Rang. Sie symbolisiert darüber hinaus eine der fundamentalen Tugenden der Bruderschaft, die Keuschheit. Die Hochschätzung, die Franziskus für das Wasser hatte, geht auch aus einer Gewohnheit hervor, die die „Legenda Perusina“ (88) überliefert: Wenn er sich die Hände wusch, sorgte er dafür, daß man später nicht in dem vergossenen Wasser herumtrampelte.

Erleuchtet „Bruder Sonne“ den Tag, so übernimmt in der Nacht „Bruder Feuer“ die Aufgabe, Licht zu spenden. Wiederum in der „Legenda Perusina“ (83) ist ein Satz des Franziskus festgehalten, der die *Bedeutung* von Sonne und Feuer für die Menschen erläutert:

> Alle sind gewissermaßen blind, und der Herr erleuchtet durch diese beiden Geschöpfe unsere Augen; deshalb müssen wir wegen dieser und seiner anderen Geschöpfe, die wir täglich benutzen, ganz besonders den glorreichen Schöpfer selbst allzeit loben.

Franziskus versteht das Erleuchten und das *Sehen*, das die von Gott geschaffenen Lichtquellen ermöglichen, in doppeltem Sinn: Die *sinnliche Erkenntnis* der Weltdinge führt zur *geistigen Einsicht* in den Sinn der Geschöpfe und zu Lob und Dankbarkeit gegenüber dem Schöpfer. Wie schon bei den Gestirnen betont der Dichter auch bei dem Feuer, daß es *schön* sei. Aus den älteren Legenden geht ebenfalls hervor, daß er in ihm so etwas wie eine beseelte Person gesehen hat (z. B. Leg. Per. 86; II Cel 162; III Cel 14).

In der siebenten Strophe wird „Mutter Erde“ gewissermaßen in die alten Rechte wieder eingesetzt, die sie in den vorchristlichen Religionen hatte. Wie Gott selbst ist ihr die (mütterliche) *Erhaltung* der Menschen zugedacht. In der achten, der so genannten „Friedensstrophe“ betont Franziskus, vielleicht aus aktuellem Anlaß (vgl. Leg. Per. 84), den hohen Rang von Frieden und Vergebung in der Gesellschaft, auch um den Preis von Krankheit und Unannehmlichkeiten. Den Friedensstiftern wird der himmlische Lohn in Aussicht gestellt.

In der „Todesstrophe“ (9) schließlich begegnet „Schwester Tod“ als gutes Geschöpf Gottes, mit anderen Worten: als ganz normales Naturphänomen wie die vorher genannten. Nach der in der traditionellen christlichen Theologie und dem Kult herrschenden Vorstellung ist der Tod der Feind, der durch die Auferstehung Christi überwunden wird. „Tod und Leben kämpften miteinander in einem seltsamen Kampf“ heißt es in einem Hymnus, der in der Hohen Messe des Ostersonntags gesungen wird (Mors et vita duello conflixere mirando). Franziskus dagegen besingt die Versöhnung mit dem (als weiblich vorgestellten!) Tod. Und er hat hier einen denkwürdigen Vorläufer in dem altkirchlichen Ketzer Origenes (um 185–um 253), der bereits die Versöhnung des Todes mit Gott vorgedacht hatte (De principiis III, 6, 6):

> Und so gibt es zahllose Stufen von Fortschreitenden, die aus der Feindschaft zur Versöhnung mit Gott kommen, und am Ende steht der „letzte Feind“, welcher „der Tod“ genannt wird, und der ebenfalls „vernichtet“ wird (1 Cor 15, 26), auf daß er nicht länger ein Feind sei.

Zu fürchten ist nach Franziskus allein der „zweite Tod“ (nach Apoc 20, 6) als Strafe für diejenigen, die ein gottfernes Leben in Sünde geführt haben. Aber da der gesamte Kosmos zur endgültigen Rückkehr zu Gott und zur Versöhnung mit ihm bestimmt ist, erscheint das Böse bei Franziskus eigentümlich relativiert: Viele, die heute noch „Glieder des Teufels" zu sein scheinen, werden einmal „Jünger Christi" sein (3 Soc 58; s.o. 5. Kap.!)

Die zehnte und letzte Strophe des „Sonnenliedes" ruft noch einmal zu Lob und Dank gegenüber Gott und zu einer Haltung bescheidenen Dienstes auf. Wenn man dem Zeugnis der Gefährten des Franziskus glauben darf, dann wurde das „Sonnenlied" „wie das Evangelium des Herrn" (quasi Evangelium Domini) aufgenommen (Leg. Per. 84).

Eine Übersetzung, die hier wie in allen Fällen ihre Mängel hat und niemals an die Aussagekraft des Originals heranreicht, muß doch darum bemüht sein, zentrale Aussagen exakt wiederzugeben. Dazu gehört im „Sonnenlied" zweifellos das Geschlecht der Geschöpfe. Deshalb müssen alle Übersetzungen, in denen „messor lo frate sole" mit: „Frau Schwester Sonne" oder „sora nostra morte coporale" mit: „unser Bruder, der Tod" wiedergegeben wird, als verfehlt angesehen werden.

Auffällig ist, daß in dem „Sonnenlied" von den „kleinen", belebten Kreaturen, die Franziskus ja ebenfalls als Geschwister des Menschen angesehen hat, die Tiere überhaupt nicht, die Pflanzen nur indirekt (in Strophe 7) erwähnt werden. Ein Grund dafür könnte sein, daß Franziskus sie auf einer Seite mit den Menschen als fromme Betrachter der „großen" Naturerscheinungen sieht. Im Gegensatz zu diesen (scheinbar) leblosen Elementen werden die Tiere nicht unter die dem Menschen dienstbaren Geschöpfe eingereiht.

Die Vergebung von Portiuncula

Franziskus wollte alle Menschen von ihrer Schuld befreien und ihnen einen sicheren Weg zum Heil öffnen. Deshalb trotzte er dem Papst Honorius III. nach dessen Wahl am 18. Juli 1216 in Perugia die mündliche Bestätigung der „Vergebung von Portiuncula" ab, die ihm, wie er behauptete, Christus selbst zuvor gewährt hatte: Sie enthielt nicht weniger als die

Vergebung aller Sünden, der im Jenseits dafür vorgesehenen Strafen und die gewisse Zusage des ewigen Heils für den, der zu der Portiuncula-Kirche pilgerte. Ein „Ablaß" in diesem Umfang war vom Papst noch nie gewährt worden; er hätte nicht nur das gesamte kirchliche Bußwesen gesprengt und die rechtgläubige Sakramententheologie in Frage gestellt, sondern auch kriegerische Unternehmungen wie die Kreuzzüge zur „Befreiung" des Heiligen Grabes in Jerusalem, zu denen die Päpste die Christenheit anstifteten, überflüssig gemacht. Man erkennt jetzt den Grund, weshalb dieses unvorsichtigerweise gewährte päpstliche Privileg schleunigst der Vergessenheit anheimgegeben wurde und aus den ältesten Quellen verschwand.

Der Ablaß von Portiuncula wird zum ersten Mal im Jahre 1277 direkt erwähnt in einer Zeugenaussage des Franziskaners Benedikt von Arezzo, die auf Bruder Masseus von Marignano, einen Augenzeugen der Gewährung des Ablasses, zurückgeht. Weitere Zeugnisse stammen ebenfalls aus dem letzten Viertel des 13. Jahrhunderts. In der ersten Hälfte des 14. Jahrhunderts hat Bruder Franciscus Bartholi von Assisi alle damals erreichbaren Überlieferungen gesammelt und in einem Traktat zusammengefaßt. 1900 hat der verdiente französische Franziskus-Forscher Paul Sabatier eine kritische Edition dieses Traktats herausgebracht. Sabatier hatte sich, aufgrund seiner jahrelangen eingehenden Studien über die Materie, von der historischen Echtheit der „Vergebung von Portiuncula" überzeugt.

Die erwähnten Überlieferungen besagen im wesentlichen, daß der Papst Honorius III. Franziskus auf dessen Bitten hin gewährte, daß alle Pilger, die am Vorabend und am Tag des 2. August zu dem Ort Santa Maria degli Angeli oder Portiuncula kämen, einen *Ablaß von allen Sünden* (indulgentiam omnium peccatorum) erhalten sollten. Wie der Papst selbst Franziskus gegenüber betont haben soll, entsprach die Gewährung eines solchen Ablasses nicht der üblichen Praxis des Apostolischen Stuhls. Die Sündenvergebung in der Katholischen Kirche erfolgte, damals wie heute, normalerweise im Bußsakrament. Auch Franziskus hielt an Beichte (Sündenbekenntnis) und Reue als Vorbedingungen für den Ablaß fest. Die im Bußsakrament ausgesprochene Absolution gibt dem Pönitenten allerdings *keine Sicherheit*, daß er von Gott tatsächlich die Vergebung aller seiner Sünden erlangt hat. Franziskus aber hatte, aufgrund einer Offenbarung Christi, die Gewißheit über den universalen Umfang der in der Portiuncula zu gewährenden Sündenvergebung erhalten. Der Papst sollte ihm lediglich diese Gewißheit für die Gläubigen, die bei der Portiuncula-Kirche Vergebung suchten, bestätigen, so daß sie weiterhin keine Unannehmlichkeiten seitens des kirchlichen Rechts- und Bußsystems mehr hätten (ut non habeant ulterius brigam).

Wenn man dem Zeugnis des Bürgers Jakob Coppoli von Perugia glauben darf, dann warnten die Kardinäle der Römischen Kurie den Papst vor den Folgen der Gewährung einer universalen Sündenvergebung, wie sie sich Franziskus vorstellte. Honorius III. habe daraufhin die Möglichkeit zur Erlangung des Ablasses auf einen Tag im Jahr, den Jahrestag der Weihe der Portiuncula-Kirche (2. August), beschränkt.

Eine umfassende Vergebung im Sinne des Franziskus, verbunden mit der Zusage der Heilsgewißheit, und deren offizielle Ratifikation durch den höchsten kirchlichen Amtsträger hätte nicht nur die traditionellen Wege kirchlicher Heilsvermittlung in Frage gestellt, sondern das Papsttum hätte auch eine seiner hauptsächlichen Geldquellen verloren. Man sieht: Hätte Franziskus mit seiner Vorstellung über die „Vergebung von Portiuncula" Erfolg gehabt, so wäre dies ein entscheidender Schritt auf dem Wege zur *Bekehrung der Kirche*, und damit zur Aushöhlung von deren Macht- und Finanzsystem gewesen. Es wird dann klar, weshalb die Hierokratie die Intention des Franziskus ins Leere laufen ließ, indem sie dieselbe teils (in verharmloster Form) integrierte, teils ins häretische Abseits stellte und aus dem Bewußtsein der Gläubigen auszulöschen suchte. Von dem ursprünglichen radikalen Sinn der „Vergebung von Portiuncula" wurde in Kreisen der treuen Anhänger des Heiligen, wie über dic anderen *Geheimnisse des Ordens* (secreta ordinis), nur noch hinter vorgehaltener Hand gesprochen (vgl. Fratris Francisci Bartholi de Assisio Tractatus de indulgentia S. Mariae de Portiuncula, ed. P. Sabatier, Paris 1900, XLIVf. LII), weil es sich, gemessen an den traditionellen theologischen Sprachregelungen, um ungeheuerliche Häresien handelte.

Der „zweite Christus"

Das religiöse Weltbild, das die Katholische Kirche des Mittelalters ihren Gläubigen vorstellte, hatte mit demjenigen des Katharertums eine Gemeinsamkeit: Die Spaltung der Schöpfung in Gut und Böse sollte niemals ein Ende haben, weil die Hölle, der Ort der Verdammten, in alle Ewigkeit Bestand hatte und dem gefallenen Lucifer und seinen Engeln niemals Erlösung und Vergebung gewährt wurde. Für Franziskus war der Dämon, der als düstere Ungestalt aus seinem Unterbewußtsein auftauchte, eine alltägliche, erfahrbare und greifbare Realität, mit der er in den Höhlen, Felsklüften und verlassenen Kirchen Mittelitaliens seine Kämpfe austrug. Aber letztlich waren für ihn auch der Teufel und die anderen bösen Geister, die in der Welt umherziehen, um die Menschen zu schädigen, nur die „Büttel", die „Hilfspolizisten" (castaldi) des guten Gottes (Leg. Per. 18.106.117; II Cel 120), der seine gesamte Schöpfung erhalten und zum Heil führen will. Sollte dann nicht auch auf sie, die gefallenen Engel, am Ende die Versöhnung warten?

In dieser Hinsicht hielt Franziskus allerdings das von dem gekreuzigten Christus vollbrachte Erlösungswerk für unvollständig. Es bedurfte deshalb der Ergänzung und Erneuerung, und zwar durch ihn selbst. Durch eine fortlaufende und sich steigernde Angleichung an den leidenden Christus wurde er schließlich zum „zweiten Christus". Die Bezeichnung „alter Christus" für Franziskus begegnet zum ersten Mal in den wahrscheinlich um 1330–1340 entstandenen „Actus Beati Francisci et Sociorum eius". Im 6. Kapitel dieser Legenden-Sammlung heißt es, Franziskus sei „gewissermaßen ein zweiter Christus" (quasi alter Cristus) gewesen, der in die Welt gesandt wurde und den Gott Vater in vielen Dingen seinem Sohn gleichförmig (conformem) gemacht habe, so bei dem heiligen Collegium seiner Gefährten, dem Geheimnis der Kreuzeswunden und dem vierzigtägigen Fasten. Im 18. Kapitel wird der Besuch der römischen Dame Jacopa dei Settesoli bei dem sterbenden Franziskus geschildert: Sie habe, so wie Maria Magdalena die Füße Christi mit ihren Tränen gebadet und sie geküßt hatte (Lk 7,37f.), ihre Lippen auf die mit den göttlichen Wundmalen gezeichneten Füße des Franziskus „wie auf die eines zweiten Christus" (quasi alterius Cristi) gedrückt. Die mittelalterliche Übersetzung der „Actus Beati Francisci", die unter dem Namen „Fioretti" bekannt ist und eine ungeheuere Verbreitung und Wirkung hatte, übernimmt an der zuerst genannten Stelle für Franziskus das Attribut „zweiter Christus" (Actus, c.6; Fioretti, c. 7: „quasi un altro Cristo"). An der zweiten Stelle (Actus, c. 18) heißt es in der italienischen Version:

Die genannte Frau Jacopa kniet sich zu Füßen von Sankt Franziskus und nimmt diese allerheiligsten, mit den Wundmalen Christi gezeichneten und geschmückten Füße und küßte sie mit so großer Andacht und badete sie mit ihren Tränen, daß die umstehenden Brüder den Eindruck hatten, sie sähen wirklich die Maddalena zu den Füßen Jesu Christi, und sie konnten sie auf keine Weise davon abbringen.

Man sieht, daß der Übersetzer das in der Bezeichnung „alter Christus" liegende häretische Potential erkannte und in seiner Version abzumildern suchte. Es waren aber, entgegen anders lautenden Darstellungen, nicht erst von christologischen Häresien beeinflußte Kreise von Franziskaner-Spiritualen am Ende des 13. Jahrhunderts, die in dem Ordensstifter einen zweiten Christus sahen, sondern der Sache nach findet sich die Vorstellung bereits bei den Zeitgenossen des Heiligen (vgl. Elias von Cortona, Epistola encyclica de transitu S. Francisci; II Cel 26.135.217.219), und sie geht zweifellos auf diesen selbst, insbesondere die Alverna-Vision und die Stigmatisation von 1224, zurück.

Die am Vorbild des Lebens Christi und der Apostel orientierte Wiederherstellung des Hauses Gottes, der Kirche, die ihm der Crucifixus von S. Damiano ans Herz gelegt hatte, versuchte Franziskus nicht im Widerstand oder offenen Widerspruch gegenüber der kirchlichen Hierokratie zu verwirklichen. Es kann aber kein Zweifel daran bestehen, daß er und seine ersten Gefährten der Meinung waren, daß sich die Kirche ihrer Zeit von der Lehre und dem Leben der Apostel abgewandt hatte und die alt gewordene Welt, wie es Thomas von Celano zu Beginn seines „Traktats über die Wunder des heiligen Franziskus" drastisch formuliert, „vom Schorf der Laster verdreckt war" (vitiorum scabredine sordescentem: III Cel 1). Sie nahmen sich deshalb vor, „die beerdigte Vollkommenheit der Urkirche" wieder ans Licht zu bringen. Das geschah vor allem dadurch, daß die zentralen Inhalte der christlichen Tradition, wie sie in den Evangelien und in Lehre und Kult der Kirche überliefert waren, den Menschen auf eine neue, gleichsam materielle, greifbare und erlebbare Weise nahegebracht wurden.

Das vielleicht eindrücklichste Beispiel hierfür ist die szenische Darstellung der Geburt Christi im Rahmen einer Messe in der Weihnachtsnacht des Jahres 1223 in Greccio bei Rieti. Was Franziskus damit beabsichtigte, steht in der ersten Lebensbeschreibung des Thomas von Celano (I Cel 84):

> Ich will das Andenken des Knaben feiern, der in Bethlehem geboren ist, und die Beschwernisse seiner kindlichen Bedürfnisse und wie er neben Ochs und Esel auf dem Heu lag, so gut wie möglich mit meinen leiblichen Augen ansehen.

Auf Bitten des Franziskus ließ der ihm befreundete Ritter Johannes von Greccio unter einem höhlenartigen Felsvorsprung die Krippenszene aufbauen, „und so wurde aus Greccio ein neues Bethlehem". Der äußere Rahmen der mitternächtlichen Feier, die Celano (in einem der schönsten Stücke mittelalterlicher lateinischer Prosa) schildert (I Cel 85 f.), war die Messe, das weihnachtliche Hochamt, das „über der Krippe" gefeiert wurde und bei dem Franziskus als Diakon fungierte. (Daß er tatsächlich ordinierter Diakon war, ist in der Forschung immer wieder behauptet, aber niemals schlüssig bewiesen worden.) Er sang mit seiner sonoren, volltönenden Stimme das Evangelium und hielt anschließend eine Predigt, in die er schauspielerische und pantomimische Elemente einbaute:

Oft, wenn er Christus mit seinem Namen „Jesus" nennen wollte, dann nannte er ihn, von brennender Liebe erfaßt, „Kind von Bethlehem", wobei er das Wort „Bethlehem" nach Art eines blökenden Schafes aussprach [Bätläämäää] und seinen Mund ganz mit seiner Stimme, mehr aber noch mit seiner zärtlichen Zuneigung ausfüllte. Er leckte auch seine Lippen mit der Zunge, wenn er „Kind von Bethlehem" oder „Jesus" sagte, indem er mit seinem Gaumen voller Seligkeit die Süße dieses Namens ganz auskostete.

Die *Performance* von Greccio ist hinsichtlich ihrer Bedeutung und ihrer Nachwirkung vor allem in der kunstgeschichtlichen Forschung umstritten. Daß die neue Sicht, die Franziskus von den Ereignissen des Lebens Jesu hatte, einen geradezu revolutionären Einfluß auf die bildende Kunst der beginnenden Renaissance hatte, ist schon von Henry Thode eindrucksvoll dargelegt worden und kaum zu bestreiten. Eine andere Frage ist die, ob die Weihnachtskrippe mit Figuren auf die von Franziskus inszenierte Feier der Heiligen Nacht zurückgeht. Während man in der älteren Forschung geneigt war, dies anzunehmen, hat Rudolf Berliner die Frage entschieden verneint; nach seiner Ansicht ist die Weihnachtskrippe, wie wir sie heute kennen, erst im 16. Jahrhundert entstanden. Eine genaue Analyse der Berichte des Thomas von Celano und des Bonaventura von Bagnoregio sowie ein Vergleich der die Szene von Greccio bzw. die Geburt Christi darstellenden Fresken Giottos in Assisi und Padua und auf der Tavola Bardi in S. Croce in Florenz (die ich an anderer Stelle vorgenommen habe) machen es jedoch wahrscheinlich, daß es bereits kurz nach dem Ereignis von Greccio eine Krippe mit Figuren gab und Franziskus als der eigentliche „Erfinder" derselben gelten kann.

Materiell, unmittelbar und scheinbar naiv war auch sein Verhältnis zum „Leib des Herrn": Brot und Wein, die durch das Wort des Priesters in Leib und Blut Christi verwandelt werden, sind das einzig Greifbare, auf leibliche Weise Sichtbare von Gott in dieser Welt (Testamentum 10; Ep. ad Clericos 3). Aber der göttliche Geist selbst, der nach dem achten Kapitel des Römerbriefs in den Gläubigen wohnt, empfängt Leib und Blut des Herrn (Admonitio 1,12). Andererseits ist alles, was mit den verwandelten Elementen in irgend einer Weise zu tun hat, selbst Träger göttlichen Geistes: die Kultgeräte, die Kirchen, alle geschriebenen Worte, ob sie nun so genannten „heiligen“ oder profanen, „heidnischen“ Schriften entstammen. Deshalb sammelte Franziskus herumliegende Papier- und Pergamentfetzen und deponierte sie an einem heiligen Ort (Ep. ad Clericos 1.6.12; Ep. toti Ordini missa 35f.; Testamentum 12; Leg. Per. 108). Eigenhändig fegte er mit einem Besen die Kirchen der Umgebung von Assisi aus und zeigte so, daß es für ihn zwischen der Außenseite der heiligen Stätten und dem Innenleben der Kirche, dem materiellen Zustand der Gebäude und dem moralischen Zustand der Seelen keinen Unterschied gibt (Leg. Per. 60). Für Franziskus ist nicht nur im Kult, sondern in der gesamten Welt eine Verwandlung des Wesens im Gange, die identisch ist mit einer Erlösung in kosmischen Dimensionen (vgl. dazu vor allem die Epistola toti Ordini missa).

Eine solche umfassende Welterlösung hatte der gekreuzigte Heiland in seiner traditionellen Gestalt nicht vollbracht. Die über fast zwei Jahrzehnte sich hinziehende, fortschreitende Identifizierung mit dem leidenden Christus, die Franziskus seit der Vision des Crucifixus von S. Damiano an sich selbst inszenierte, fand deshalb ihren Höhepunkt und Abschluß in der Stigmatisierung auf dem Berg La Verna (Alverna) bei Bibbiena im September 1224. Bei diesem rätselhaften Vorgang erhält er die fünf Wundmale (Stigmata) des Gekreuzigten und wird dadurch zum „zweiten Christus“. In dem vordergründigen Bereich „historischer“ Ereignisse ist es das Wahrscheinlichste, daß sich Franziskus diese Verletzungen, die nach dem Zeugnis der Zeitgenossen zweifellos vorhanden waren, in einem ekstatischen Zustand selbst beigebracht hat.

Wenn es auch kein *direktes* Vorbild für eine Stigmatisation mit den fünf Wunden des Crucifixus gibt und Franziskus in *diesem* Sinne als der erste Stigmatisierte der christlichen Religionsgeschichte gilt, so sind doch Selbstverletzungen mit dem Ziel, Anteil an der Passion Christi zu gewinnen, im Zeitalter der Kreuzzüge keine Seltenheit. Guibert von Nogent weiß zu berichten, daß schon zu Beginn des Ersten Kreuzzugs (Herbst 1096) zahlreiche Pilger sich Kreuze in ihre Haut eingeritzt hatten, die sie mittels Säften frisch und blutig hielten und für Wunderzeichen ausgaben; sogar ein Abt und späterer Erzbischof habe einen solchen Betrug begangen (Gesta Dei per Francos 7,9,31; 4,7,17). Bei dem großen Schiffsunglück am 5. April 1097 im Hafen von Brindisi, bei dem 400 Pilger beiderlei Geschlechts ertranken, entdeckte man an vielen der geborgenen Leichen kreuzförmige Wunden und Narben. Der Chronist Fulcher von Chartres, der das Ereignis als Augenzeuge erlebte und es im ersten Buch seiner „Historia Hierosolymitana" überliefert hat, war noch davon überzeugt, daß die Kreuzzeichen durch ein göttliches Wunder von den Kleidern auf die Haut gelangt waren, während der eher „rationalistisch" denkende Guibert von Nogent den frommen Schwindel durchschaute.

Eine Zeitgenossin des Franziskus war die flämische Mystikerin Marie von Oignies (1177–1213). Der Kardinalbischof Jakob von Vitry, der ihr Beichtvater war und sie als seine „geistliche Mutter" ansah, berichtet in der von ihm verfaßten Lebensbeschreibung, sie habe sich, um für die „Wollüste" ihrer Jugend Buße zu tun, in ekstatischem Zustand mit einem Messer Teile aus ihrem Fleisch herausgeschnitten, wobei ihr ein Seraph (!) Beistand leistete (Acta Sanctorum Jun. IV, 641 f.). Es ist mehr als wahrscheinlich, daß sich auch Franziskus die Stigmata, die nach der Vision des Seraphen an seinem Körper in Erscheinung traten, in der Ekstase auf mechanischem Wege selbst beigebracht hat. Jegliche kirchenfromme Apologetik, die das zu bestreiten sucht und den „übernatürlichen" Ursprung der Stigmata für beweisbar hält, ist vergeblich.

Die Erscheinung des Seraphen

Bedeutsamer als die historischen Umstände des Alverna-Ereignisses ist jedoch die Gestalt der Erscheinung selbst, die sich Franziskus zeigte: Es war nicht der Gekreuzigte in seiner traditionellen Gestalt, sondern ein gekreuzigter sechsflügeliger Engel (Seraph) „von ganz unvorstellbarer Schönheit" (cuius pulchritudo inaestimabilis erat nimis: I Cel 94; gerens formam pulcherrimi hominis crucifixi: 3 Soc 69). Diese Erscheinung aus dem obersten Rang des Geisterreiches teilte Franziskus eine geheime Botschaft mit, über deren Inhalt er sich niemals, auch nicht seinen vertrautesten Gefährten gegenüber, äußern wollte. Der Grund dafür ist durchsichtig: Die Botschaft des seraphischen Engels-Erlösers enthielt Vorstellungen, die zu der traditionellen kirchlichen Soteriologie im Widerspruch standen. Die niemals mitgeteilten Worte des Seraphen boten späteren Generationen von Franziskanern den Anlaß zu phantastischen Spekulationen über die Rolle ihres Ordensstifters im Heilsplan Gottes. So behauptete gegen Ende des 13. Jahrhunderts ein Bruder, Franziskus sei ihm erschienen und habe ihm das Geheimnis mitgeteilt: Es sei ihm damals (im September 1224) erlaubt und aufgetragen worden, daß er, analog zur Höllenfahrt Christi, jährlich einmal das Fegfeuer aufsuchen dürfe, um von dort alle Seelen der Mitglieder seiner drei Orden (der Minoriten, der Klarissen und der „Enthaltsamen", das heißt, des Dritten Ordens) und anderer „aufgrund der Kraft seiner Stigmata" mit sich ins Paradies zu führen (Fonti Francescane, 1953). Wenn es sich auch hierbei um eine der im Grunde haltlosen Spekulationen handelt, die in Kreisen der radikalen Franziskaner kultiviert wurden, so wird dadurch doch die Vermutung bestätigt, daß es in der Mitteilung des Seraphen an Franziskus um das Thema „Erlösung" ging, und ihre Brisanz ebendaher rührte.

Die geheimnisvollen Worte des Seraphen, die aus der Traumwelt des Franziskus auftauchten und unausgesprochen in ihr wieder verschwanden, sind unwiederbringlich verloren und alle Versuche, sie zu rekonstruieren, sind vergeblich. Die Erscheinung des Engels, oder vielmehr die genaue Beschreibung, die Franziskus von ihr gegeben hat, ist jedoch ein hinreichender Ersatz für das Fehlen oder den Verlust der Worte. Die Erscheinung des Engels ist so etwas wie ein Gestalt gewordener Gedanke. Und dieser Gedanke ist, gemessen an den kirchlichen Sprach- und Denkregelungen über Schöpfung, Sündenfall und Erlösung, häretisch: Die Erlösergestalt, die Franziskus die Stigmata beibringt und ihn damit sich gleichgestaltet, ist ein *gekreuzigter Engel.* Die bildliche Vorstellung des sechsflügeligen Seraphen, der mit je einem Flügelpaar Kopf und Füße verhüllt und mit den mittleren Flügeln fliegt, hat Franziskus aus der Gottes-Vision des Propheten Jesaja (Is 6,2).

Hinzu kommt, daß dieser Crucifixus *überaus schön* war. Von Christus, dem Erlöser des *Menschengeschlechts*, existierten in der christlichen Theologie und Frömmigkeit des Mittelalters, im Anschluß an zwei auf ihn gedeutete Stellen des Alten Testaments, zwei sich widersprechende Vorstellungen: erstens die des Schmerzensmannes (vir dolorum) nach der Weissagung des Propheten Jesaja: „Er hat keine Gestalt und keine Schönheit, daß wir ihn hätten ansehen mögen, kein Aussehen, an dem wir Gefallen gefunden hätten; er war verachtet, der letzte unter den Männern, ein Schmerzensmann, mit der Krankheit vertraut“ (Is 53,2f.); zweitens die des Schönsten von allen Menschen nach Psalm 44,3: „Du bist schön vor allen Menschensöhnen, deine Lippen sind von Anmut übergossen.“ Der seraphische Erlöser vom Berg Alverna dagegen ist nur schön, weil er nicht nur die gefallene Menschheit zu ihrem Ursprung zurückführen, sondern die von Engeln herbeigeführte kosmische Katastrophe (ruina angelica) heilen und damit die ursprüngliche Schönheit des gesamten Kosmos wiederherstellen soll.

Franziskus, der lebenslang mit der häßlichen Ungestalt des Dämonen zu kämpfen hatte, seit der ihm zum ersten Mal in einer Höhle bei Assisi begegnet war (3 Soc 12; II Cel 9), wurde während der Wochen seines Fastens auf dem Alverna-Berg von dämonischen Depressionen gequält, die ihn an den Rand des Selbstmords trieben (Leg. Per. 118). Erwägt man diesen düsteren Hintergrund, dann wird es begreiflich, daß die Vision auch für Franziskus selbst eine „Erlösung" bringen mußte. In den unmittelbar nach der Erscheinung des Seraphen und der Stigmatisation niedergeschriebenen „Laudes Dei altissimi" heißt es *zweimal*: „Du bist die Schönheit" (Tu es pulchritudo).

Im fünften Buch seines im Sommer 1305 in dem Franziskaner-Konvent auf dem Berg Alverna enstandenen Werkes: „Arbor vitae crucifixae Iesu" (Baum des ans Kreuz gehefteten Lebens Jesu) schreibt der dem radikalen Flügel der franziskanischen Spiritualen angehörende Ubertino von Casale, er habe damals begriffen, „daß dem hochheiligen Vater [Franziskus] offenbart worden war, er sei in besonderer Weise in die Welt gesandt worden, um die Ruine des seraphischen Ranges wiederherzustellen". Denn Lucifer, der als Höchster der seraphischen Engels-Ordnung angehört hatte, hatte dort eine besonders nachhaltige Verwüstung angerichtet. Die Gruppe der Minoriten, denen Ubertino angehörte, sah, ebenso wie die Katharer, in diesem Abfall der Engel die eigentliche (kosmische) Ursünde, von der die Sünde Adams nur eine sekundäre Folge war. Daß bereits Franziskus und seine ersten Gefährten diese Vorstellung teilten, zeigt die in der „Legenda Perusina" (65) und der zweiten Celano-Legende (123) berichtete *Vision der leeren Engelsthrone* des Bruders Pacificus in der Kirche von Bovara, die auch Aufnahme in den Freskenzyklus von Giotto in der Oberkirche S. Francesco in Assisi gefunden hat:

> Und nachdem Bruder Pacificus zu beten begonnen hatte, da wurde er in einer Ekstase erhoben, ob im Körper oder außerhalb des Körpers, weiß Gott [2 Cor 12,2], und er sah viele Throne im Himmel, unter ihnen einen, der auffälliger als die anderen war, einen herrlichen und strahlenden und mit vielerlei Edelsteinen geschmückten. Und er bewunderte seine Schönheit [!] und begann, bei sich nachzudenken, was das für ein Thron sei und wem er gehöre. Und sogleich hörte er eine Stimme, die zu ihm sagte: „Dieser Thron war der Lucifers, und an seiner Stelle wird darauf der heilige Franziskus Platz nehmen."

Das bedeutet aber nichts anderes, als daß Franziskus innerhalb des Erlösungs-Dramas mit der Rolle des „zweiten Christus" auch die des „zweiten Lucifer" zu übernehmen hatte.

Wenn es bei Ubertino von Casale heißt, Franziskus sei „in die Welt gesandt worden", so wird damit eine vorzeitliche Existenz des Heiligen, ähnlich derjenigen des Gottessohnes Christus, angedeutet. Auch diese Vorstellung ist nicht erst, wie oft behauptet, in Kreisen der Spiritualen um die Wende des 13. Jahrhunderts erfunden worden, sondern sie war bereits bei den Zeitgenossen des Heiligen verbreitet, wie z.B. der Anfang des „Traktats über die Wunder" des Thomas von Celano beweist, wo es von Franziskus heißt, er sei „als neuer Mensch" auf die Erde gesprungen; ebenso das in der zweiten Celano-Legende (82) überlieferte Gleichnis von der Frauenstatue im himmlischen Heiligtum, mit der eine virtuelle, jenseitige Existenz des Franziskus bezeichnet wird.

Neben der von Franziskus beschriebenen Gestalt der Erscheinung des Seraphen gibt es noch ein wichtiges Dokument für Inhalt und Bedeutung des Alverna-Ereignisses. Es handelt sich um die „Chartula Fratri Leoni data", den Zettel, den Franziskus für Bruder Leo schrieb und der bis heute in dem Sacro Convento, dem Kloster bei der Grabeskirche des Heiligen in Assisi, aufbewahrt wird. Damit hat es folgende Bewandtnis: Bruder Leo, Priester und Beichtvater des Franziskus, der während des Fastens auf dem Berg immer in seiner Nähe war, wurde durch das, was er sah und ahnte, tief verunsichert (II Cel 49). Darauf schrieb ihm Franziskus, wie er selbst in wenigen, mit roter Tinte geschriebenen Sätzen mitteilt, nach der Vision und der Einprägung der Stigmata auf ein Pergamentblatt den „Lobgesang des allerhöchsten Gottes" (Laudes Dei altissimi). Auf der Rückseite des Pergamentblattes befindet sich, ebenfalls von der Hand des Franziskus geschrieben, der alttestamentliche Priestersegen (Num 6,24–26) in leichter Veränderung des Wortlauts, mit besonderem Bezug auf Bruder Leo:

Der Herr segne dich und behüte dich; er zeige dir sein Angesicht und sei dir gnädig; er wende sein Angesicht zu dir hin und gebe dir Frieden. Der Herr segne, Bruder Leo, dich!

Durch den Namen „Leo" hindurch geht der griechische Großbuchstabe Tau (T), der aus dem Munde eines unter einem Erdhügel beerdigten bärtigen Kopfes mit Kapuze herauswächst. Auf dieser Seite des Pergamentblattes befinden sich auch die erwähnten kommentierenden Bemerkungen in roter Tinte von der Hand Bruder Leos. Unter dem Text des Segens steht die Bemerkung Leos:

Der heilige Franziskus hat eigenhändig diesen Segen für mich, Bruder Leo, aufgeschrieben.

Unter der Zeichnung des „Tau mit Kopf" vermerkt Leo:

In gleicher Weise hat er dieses Tau mit Kopf eigenhändig gezeichnet.

Das Zeichen Tau, mit dem in der apokalyptischen Vision des Propheten Ezechiel und der Johannes-Apokalypse (Ez 9,3–6; Apoc 7,2f.) die Erwählten Gottes markiert werden, um sie vor dem allgemeinen Untergang zu bewahren, geht durch Leos Namen hindurch. Damit wird ihm als Besitzer des „Zettels" (Chartula) die Gewißheit des ewigen Heils gegeben. Deshalb soll er ihn „bis zu seinem Todestag sorgfältig" aufbewahren (II Cel 49). Der unter einem Erdhügel bestattete Kopf spielt auf die mittelalterliche Legende vom heiligen Kreuz an. Nach ihr war der Hügel Golgotha, auf dem das Kreuz Christi errichtet wurde, das Grab Adams, des Verursachers des Unheils aller seiner Nachkommen. Zugleich steht aber Adam am Beginn der Erlösung, die durch Christus, den „neuen Adam", vollzogen wurde. (Der Totenschädel, der sich auf vielen Kreuzbildern am Fußende des Kreuzes befindet, ist der Schädel Adams.) Nach der gleichen Legende wurde das Kreuz Christi aus einer Palme gefertigt, die einmal als Schößling von Adams Sohn Seth aus dem Paradies gebracht und in den Mund des toten Vaters gepflanzt worden war. Das alles war Franziskus natürlich bekannt. Und vor diesem Hintergrund ergibt sich die wahre Bedeutung des „Zettels für Bruder Leo": Mit der Zeichnung des aus dem Mund eines beerdigten Kopfes herauswachsenden Tau, des apokalyptischen Zeichens der Erlösung und Erwählung (das das traditionelle Kreuz

Christi ersetzt hat), und dem dabeistehenden alttestamentlichen Priestersegen gibt der nunmehr mit dem seraphischen Engels-Erlöser zu einer Person verschmolzene Franziskus dem Gefährten mit göttlicher Autorität die Zusage seines individuellen Heils und stellt ihm so etwas wie einen „Passeport" für den Eintritt in die Ewigkeit aus.

Dieses überaus wertvolle Dokument, aber auch die genaue Beschreibung, die Franziskus von dem Aussehen des Seraphen gegeben hat, lassen mit hinreichender Deutlichkeit erkennen, worum es bei der Alverna-Vision ging, auch wenn Franziskus den Wortlaut der Botschaft des Engels nicht einmal seinen engsten Gefährten mitgeteilt hat: Der nicht nur zum Menschen, sondern zum Engel gewordene Erlöser vollbringt die Rückführung des gesamten, von einem guten Gott geschaffenen Kosmos zu diesem Gott – also nicht nur die Erlösung der Menschheit, sondern auch die der belebten und unbelebten Natur, und schließlich die Lucifers und der Dämonen. Daß solche Vorstellungen nicht in den Rahmen der traditionellen kirchlichen Schöpfungs- und Erlösungslehren paßten, sondern ungefähr den Gipfel aller bisher dagewesenen und vorstellbaren Häresien darstellten, braucht nicht eigens hervorgehoben zu werden.

Der durch die Stigmatisation mit dem seraphischen Engels-Erlöser einsgewordene Franziskus war damit in der Vorstellung seiner Anhänger nicht nur ein „zweiter", sondern ein „anderer Christus". Aber er wird auch zum zweiten Lucifer, indem er die seit dem Sturz des Teufels und seiner Engel leeren himmlischen Throne wiederbesetzt, wie es Bruder Pacificus in seiner erwähnten Vision (Leg. Per. 65; II Cel 123) vorausgeahnt hatte. Erst damit hat der eigentliche Sündenfall, die „Ruine des seraphischen Ranges" (Ubertino von Casale), die ihm gemäße Entsühnung gefunden. Der Alverna-Berg ist deshalb, als Ort der Welterlösung im umfassendsten und genuin franziskanischen Sinn, der heiligste Berg des Erdkreises, heiliger als die in den Heiligen Schriften des Christentums genannten Gottesberge Sinai, Sion und Golgotha (!). Die über dem mittelalterlichen Tor des Klosterbezirks La Verna angebrachte

Inschrift bringt diesen Anspruch (mit dem das traditionelle Christentum auf den Rang eines zweiten Alten Testaments verwiesen wird) bis auf den heutigen Tag zum Ausdruck: NON EST IN TOTO SANCTIOR ORBE MONS: „Es gibt auf der ganzen Welt keinen heiligeren Berg."

Auch für den, der heute als Pilger oder Tourist die heiligen Stätten von La Verna aufsucht, ist der Berg mit seinen Natur- und Kunstdenkmälern ein denkwürdiger und suggestiver Ort, selbst wenn er mit den Vorstellungen des Franziskus und seiner Gefährten nichts mehr anzufangen weiß. La Verna ist der nach Westen (in Richtung des Tyrrhenischen Meeres) steil abfallende Hang des Monte Penna genannten Gebirgsmassivs. Die herumliegenden riesigen Felsbrocken sind die Zeugen eines gewaltigen Erdbebens. Nach einer wohl schon im Mittelalter verbreiteten „frommen Annahme" entstanden diese Verwerfungen bei dem Erdbeben, das sich beim Tode Christi ereignete (Mt 27,51). Das wohl imposanteste dieser Phänomene ist der so genannte „Sasso spicco", ein nur auf einer Seite im Gebirge aufliegender, fast frei schwebender, riesiger Felsblock, unter dem Franziskus seine Meditationen und Bußübungen praktiziert haben soll. Über dem Ort der Erscheinung selbst, „an der Flanke des Berges" (3 Soc 69), ist das „Kirche der heiligen Stigmata" oder „Oratorium des Erzengels Michael" genannte Heiligtum errichtet. Eine Einbuchtung im Steilhang darunter erinnert an die dunkelste Stunde im Leben des Heiligen, als der Dämon den Versuch unternahm, ihn in den Abgrund zu stürzen, worunter vermutlich – nach heutiger „rationalistischer" Sicht der Dinge – eine seelische Krise zu verstehen ist, die ihn an den Rand des Suizids führte.

Was den Zeitpunkt der Erscheinung des Seraphen betrifft, so gibt es keine ältere Überlieferung, die deren Zeitpunkt auf die Stunde der Kreuzigung (12 Uhr) oder des Todes Christi (15 Uhr) legen würde. Nach der „Drei-Gefährten-Legende", die die genaueste Schilderung enthält, fand das Ereignis morgens (quodam mane) statt. Eine spätere Quelle sagt: „bei Sonnenaufgang" (all' aurora: Fonti Francescane, 1952). Wie ich mich selbst durch Augenschein überzeugen konnte, kann damit nicht der Sonnenaufgang über dem Horizont gemeint sein, sondern der Zeitpunkt, an dem die Sonne „um den Berg herumkommt" und den Steilhang in Licht taucht (vgl. Fonti Francescane, 1952: „tutto questo monte risplendeva come sole"). Das geschieht Mitte September ziemlich genau um 11 Uhr. Die an das Ereignis erinnernde tägliche Prozession zu der Kirche der Stigmata findet zwar seit 1431 um 15 Uhr statt, doch um 11 Uhr vormittags – nach alter Zählung also zur fünften Stunde des Tages – läutet eine Glocke. Das Elf-Uhr-Läuten am Freitag war früher auch nördlich der Alpen allgemein verbreitet. Bis heute hat sich der Brauch vor allem in mehrheitlich protestantischen (!) Gegenden gehalten. So läutet etwa die Elf-Uhr-Glocke vom Turm des Großmünsters in Zürich, ohne daß jemand weiß, weshalb.

Kleiner Exkurs über die Schönheit des Seraphen

Wie schon erwähnt, betonen die ältesten Quellen die Schönheit der Engels-Erscheinung auf dem Alverna-Berg (3 Soc 69; I Cel 94). Für Franziskus ist Gott der Inbegriff der Schönheit, die Schönheit schlechthin. Und Bruder Sonne, der im Bereich der sichtbaren Dinge vom Allerhöchsten „Eindruck" gibt, ihn „bedeutet" (it.: porta significatione; lat.: defert significationem), ist ebenfalls schön. Denn auch in der gefallenen Schöpfung gibt es allenthalben Dinge, die an die ursprüngliche Schönheit erinnern und auf die eschatologische Wiederherstellung hinweisen. Auf Bruder Rufinus, einen der Gefährten des Franziskus, geht die Überlieferung zurück, daß der Heilige von einem gewaltigen Schrecken erfaßt wurde (nimis territus), als er den Engel von weitem herannahen sah, und daß der Engel ihn „hart angefaßt" habe (eum dure tractavit: Thomas von Eccleston, Tractatus de adventu Fratrum Minorum in Angliam, 75). Das „dure tractare" (das heißt, mit Worten hart angehen) steht in einem Gegensatz zu den „angenehmen Gesprächen", die Franziskus vorher, nach dem Vorbild des Moses (Num 33,11; Deut 43,10), mit Gott geführt haben soll (Fonti Francescane, 1916) und von denen auch eine Inschrift in der

Magdalenen-Kapelle des Berges La Verna zu berichten weiß. Man kann daraus schließen, daß sich Franziskus damals mit Dingen vertraut machen mußte, die den Rahmen seiner bisherigen Vorstellungen sprengten. In der erwähnten Chronik des Thomas von Eccleston heißt es auch, die Erscheinung sei Franziskus in einem ekstatischen Zustand (in quodam raptu contemplationis) zuteil geworden, und sie sei in deutlicherer Form (satis evidentius) verlaufen, als es in seiner *Vita* (das heißt, der zweiten Celano-Legende) aufgezeichnet sei. Im Klartext heißt das doch wohl: In der offiziellen Biographie des Heiligen werden bestimmte, mit der Erscheinung zusammenhängende Dinge verschwiegen oder nicht klar ausgesprochen. Hauptsächlich ist damit der um den Begriff „Schönheit“ sich rankende Vorstellungskomplex gemeint. Lucifer, der unter allen Geschöpfen Gottes den höchsten Rang innehatte, war wie sein Schöpfer schön. In der teils erschreckenden, teils erfreuenden Konfrontation mit dem Seraphen erhält Franziskus nicht nur Einblick in diese Schönheit, sondern er wird sich bewußt, *daß er es ist*, durch den sie im Bereich der Schöpfung wiederhergestellt werden soll, mit anderen Worten: Er gewinnt Klarheit über seine eigene Erlöser-Rolle. Das „dure tractavit“ würde dann bedeuten, daß der Seraph ihm in Aussicht stellte, welche Last er mit der Erlösung des Teufels und der Verdammten auf sich zu nehmen hatte.

Diese Vermutung wird bestätigt durch die Tatsache, daß Franziskus und seinen ersten Gefährten der bereits erwähnte Mythos von den leeren Engelsthronen, unter denen sich der besonders schöne (!) Thronsessel Lucifers befand, bekannt war. Dieser Mythos ist Bestandteil der katharischen Theologie, wie die so genannte „Interrogatio Johannis“ beweist, in der zentrale theologische Vorstellungen der Katharer enthalten sind (Le Livre secret des Cathares. Interrogatio Johannis, Paris 1980, 42/44). Der Engelsfall wird dort als Sturz von den in der himmlischen Herrlichkeit aufgestellten Thronen dargestellt. Hintergrund dieser Vorstellung ist eine Stelle beim Propheten Jesaja: „Wie bist du vom Himmel gefallen, Lucifer, der du *früh am Morgen* (mane) aufgegangen warst! Auf die Erde gestürzt bist du, der du die Völker beschädigt hattest; der du in deinem Herzen gesagt hattest: Ich will in den Himmel steigen und meinen Thron über die Sterne Gottes erhöhen“ (Is 14,12f.; vgl. auch Lk 10,18; Apoc 8,10; 12,9). Schon der Erzketzer der Alten Kirche, Origenes, hatte diese Stelle auf den Teufel gedeutet (De principiis I, 5,5). Bei Origenes ist auch bereits, an mehreren Stellen seiner Werke, die Vorstellung zu finden, daß der Erlöser nicht nur Mensch, sondern auch Engel werden mußte. Und es kann kaum ein Zweifel bestehen, daß die Erscheinung des Seraphen „in der Morgenfrühe“ (3 Soc 69) ihre Entsprechung in dem Aufgang Lucifers „früh am Morgen“ bei Jesaja hat.

War also Franziskus „Origenist“? In gewisser Hinsicht schon, und die Indizien dafür sind wohl nicht zu übersehen. Es ist zwar kaum anzunehmen, daß ihm eine von den Schriften des Kirchenvaters direkt bekannt war. Aber dessen Ideen pflanzten sich, entgegen allen Unterdrückungsversuchen, in der Geschichte fort und waren in der Christenheit zu allen Zeiten untergründig präsent und wirksam, unter anderem bei den Katharern des 12. und 13. Jahrhunderts – und von dort werden sie zu Franziskus und seinen ersten Anhängern gelangt sein.

Schon in dem Gleichnis von der armen, schönen Frau in der Wüste, das Franziskus im Frühjahr 1209 dem Papst Innocenz III. erzählt hatte (s.o. 4. Kapitel), ist nachdrücklich die *Schönheit* der Frau, des Königs und der gemeinsamen Kinder akzentuiert. Bereits hier ist nichts anderes gemeint als die Schönheit, in der die in der *endgültigen Erlösung der Welt* wiederhergestellte Schönheit aufleuchtet. In ähnlichem Sinn bezeichnet Franziskus in dem großen Gleichnis von dem Generalkapitel aller Orden der Katholischen Kirche (II Cel 191f.) das Eigentümliche und Unverwechselbare seiner *religio*, des Ordens der Minderbrüder, als *Schönheit*. In der friedlichen gegenseitigen Ergänzung der gebildeten und der einfachen, ungebildeten Brüder wird gewissermaßen die Schönheit der eschatologischen Gesellschaft zeichenhaft vorweggenommen. Ähnlich ist mit der Frauenstatue im himmlischen Heiligtum „von ausnehmend schöner Gestalt" in dem entsprechenden Gleichnis (II Cel 82) nach der Deutung des Bruders Pacificus „die schöne Seele des heiligen Franziskus" gemeint, die bereits zu Lebzeiten des Heiligen eine transzendente Existenzform hat.

Nach der Beschreibung, die der Nachfolger des Franziskus im Amt des Generalministers der Minderbrüder, Elias von Cortona, in seinem Rundschreiben vom Aussehen des toten Heiligen gibt, war der Leichnam von *sehr schönem* Aussehen. Dies stand, wie Elias schreibt, im Gegensatz zu dem verächtlichen Anblick, den Franziskus bei Lebzeiten, infolge seiner vielfältigen Leiden und Gebrechen, bot. Wenngleich Franziskus hier „nur" auf die Stufe des traditionellen Erlösers gestellt wird, so läßt der Text doch erkennen, daß Elias mit der „häretischen" Erlösungslehre seines Ordensstifters vertraut war.

7. Höhe und Ende des Lebens

Man kann die Jahre 1211 bis 1221 als Höhe im Leben des Franziskus und in der frühen franziskanischen Bewegung bezeichnen. Er konnte in diesen Jahren weitgehend ungestört nach seinen Vorstellungen leben und wirken. Die Gemeinschaft erfaßte Menschen aller Volksschichten und wuchs auf etwa 5000 Mitglieder an, eine zwar schon große, aber doch noch überschaubare Zahl. Die Ordensregel war, abgesehen von dem festgeschriebenen Ideal des „Lebens nach dem Evangelium", in Einzelheiten flexibel und wurde auf den Pfingstkapiteln, an denen noch alle Brüder teilnehmen konnten, den jeweiligen Erfordernissen angepaßt.

Nach der Orientreise, etwa ab 1222, setzte bei Franziskus ein rasch fortschreitender Zerfall der Kräfte ein. Sein Einfluß auf die Bewegung nahm ab. Dafür legte sich der mächtige Schatten des Kardinals Hugolino über den Orden und über ihn selbst. In seinen letzten Lebensjahren suchte er, so gut er noch konnte, für das Armutsideal einzutreten. Aber er vermochte nur noch einige visionäre Zeichen zu setzen, die zwar im vordergründigen Bereich der historischen Abläufe keine erkennbare Wirkung entfalteten, aber doch als geistige und die Geschichte gestaltende Mächte nicht ganz vergeblich geblieben sind. Er erkannte, daß die Bewegung, die er ins Leben gerufen hatte, ihm aus den Händen geschlagen wurde (Leg. Per. 44), und er sah ihre Zukunft in düsteren Farben. Doch da er sich mit Gott und dessen Plänen und Absichten im Einklang wußte, war er vom guten Ausgang aller Dinge überzeugt.

Persönlichkeit und Charakter des Franziskus

Über die äußere Erscheinung des Franziskus und den Eindruck, den er auf seine Zeitgenossen machte, sind wir recht gut unterrichtet. Es ist das Zeitalter der Hochgotik, in dem das Interesse für den Menschen, sowohl seine äußere Gestalt wie seinen Charakter, erwachte. In der Plastik und Malerei entstanden die ersten Porträt-ähnlichen Darstellungen seit der Antike – um nur an die Statuen Kaiser Friedrichs II. und seiner Beamten am Brückentor von Capua, die lebensnahen Mosaikbilder der Päpste Innocenz III. und Gregor IX. in der Basilika St. Peter zu Rom (heute im Museo di Roma) und die Statuen am Westportal der Kathedrale von Reims zu erinnern. In den Lebensbeschreibungen geistlicher und weltlicher Großherren findet sich oft auch eine Beschreibung von deren Aussehen und Charakter, die zunehmend schärfere individuelle Züge enthält.

Der Biograph Thomas von Celano, der Franziskus persönlich kannte und von ihm selbst um das Jahr 1215 in den Orden aufgenommen worden war (vgl. I Cel 56f.), hat in seiner ersten Legende eine ausführliche Beschreibung zunächst des Charakters des Heiligen und seines Verhaltens gegenüber anderen Menschen, dann auch seiner äußeren Erscheinung, gegeben (I Cel 83). Besonders hervorgehoben werden die angenehmen, höflichen Umgangsformen des Franziskus, seine Gesprächsbereitschaft und Offenheit; er sei vorausschauend in seiner Planung und in der Handhabung seiner Geschäfte effizient gewesen (er hatte also wohl die im Geschäft seines Vaters erlernten Fähigkeiten nicht ganz vergessen). Von seinen charakterlichen Eigenschaften nennt der Biograph Heiterkeit, Sanftmut und Nüchternheit. Natürlich wird auch sein religiöses, spirituelles, moralisches Leben beschrieben, vor allem mit den Begriffen „Unschuld“, „Einfalt“, „Herzensreinheit“, „Gottesliebe“, „Bruderliebe“ und „Gehorsam“; er widmete sich der Kontemplation und dem beständigen Gebet; in allen Dingen war er voller Begeisterung. In dem, was er sich einmal vorgenommen hatte, war er beharrlich; er war schnell bereit zu verzeihen, von freimütiger, offener Gesinnung; er hatte ein gutes Gedächtnis und konnte schwierige Dinge im Gespräch gut darlegen. Gegen sich selbst war er streng, anderen gegenüber barmherzig, in allen Dingen mit Augenmaß begabt (discretus in omnibus).

Obwohl hier das Idealbild eines überragenden Heiligen entworfen wird, treffen doch die meisten der genannten Eigenschaften auf Franziskus zu, individuelle Züge seines Charakters treten hervor. Allerdings sind alle dunklen und negativen Eigenschaften beiseite gelassen. (So artete etwa die Strenge gegen sich selbst schließlich in Masochismus und Zerstörung der Gesundheit aus.)

Von den Eigenschaften des „äußeren Menschen" Franziskus nennt Celano an erster Stelle die überragende Beredsamkeit. Mit den dann aufgezählten körperlichen Merkmalen stimmt das älteste erhaltene Bild des Franziskus in allen wesentlichen Zügen überein: das Fresko in der Cappella di San Gregorio in der Heiligen Höhle von Subiaco, das weniger als zwei Jahre nach dem Tod des Franziskus, im Jahre 1228 entstanden ist (s. die Umschlagabbildung).

Besonders auffällige individuelle Merkmale sind die schmale, gerade Nase, die abstehenden Ohren und der etwas schüttere Bart. Die Kenntnis von diesen Zügen hat sich noch bis zu dem sieben Jahrzehnte später entstandenen Fresko Cimabues in der Unterkirche S. Francesco in Assisi (innerhalb des „La Maestà" genannten Freskos) und dem Tafelbild im Museum von S. Maria degli Angeli, das dem gleichen Maler zugeschrieben wird, erhalten.

Franziskus war ein bedeutender Dichter. Das belegt allein schon das in der mittelitalienischen Volkssprache des 13. Jahrhunderts gedichtete „Sonnenlied". Von den übrigen in der Volkssprache verfaßten Liedern ist nur das schon in der „Legenda Perusina" (85) erwähnte „Lied für die Armen Frauen von San Damiano" (Audite poverelle) erhalten, dessen Text erst 1976 in einem Klarissenkloster in der Nähe von Verona wiederentdeckt wurde. Zu den Texten hat Franziskus auch Melodien komponiert, die wohl unwiederbringlich verloren sind. Der Heilige von Assisi gehört ferner zu den großen Gleichniserzählern der Weltliteratur, in einer Reihe mit Homer, Jesaja, Platon, Jesus, Dante, Shakespeare, Goethe. Die überlieferten Gleichnisse des Franziskus sind von großer sprachlicher Schönheit und tiefer Aussagekraft. Sie haben entweder das Verhältnis der franziskanischen Bruderschaft zur Gesamtkirche zum Gegenstand, wie das Gleichnis von der armen, schönen Frau in der Wüste (3 Soc 50f.; II Cel 16), das Gleichnis von dem schwarzen Zwerghuhn (3 Soc 63; II Cel 24), das Gleichnis von den Brotkrumen und der Hostie (II Cel 209), die Gleichnisse von den Äpfeln und dem Fischer (I Cel 28; 3 Soc 33), oder die franziskanischen Ideale, wie das Gleichnis von den zwei Königsboten (Leg. Per. 37; II Cel 113), das Gleichnis von dem Leichnam (II Cel 152), oder das wahre Wesen des *Frater Minor*, wie das Gleichnis von dem gemeinsamen Generalkapitel aller Orden der Katholischen Kirche (II Cel 191f.), das Gleichnis von der Frauenstatue im himmlischen Heiligtum (II Cel 82), das Gleichnis von der wahren und vollkommenen Freude (Fontes Franciscani, 241f.).

Franziskus war von seiner Jugend bis zum Ende seines Lebens ein kranker Mensch. Er selbst erwähnt einmal, er sei seit seiner Bekehrung „kränklich" (infirmitius) gewesen (Leg. Per. 106). Wenn es auch schwer ist, mit den Begriffen der heutigen Medizin zu bestimmen, worum es sich im einzelnen handelte, so deuten doch periodisch wiederkehrende Fieberanfälle (febris quartana; Wechselfieber) auf das Vorhandensein der Malaria hin (Leg. Per 80). Franziskus litt außerdem an chronischen Erkrankungen der Leber, der Milz und des Magens (Leg. Per. 77; II Cel 130). Von seiner Reise in den Orient brachte er ein schweres Augenleiden, eine Entzündung der Bindehaut (Coniunctivitis) mit, das schließlich zur vollständigen Erblindung führte. Im letzten Jahr seines Lebens war er zum Gerippe abgemagert; die Haut schien an den Knochen zu kleben. Trotzdem schwollen der Unterleib und die Beine vom Wasser an: ein Zeichen, daß das Herz allmählich versagte.

Der gesamte Komplex der Krankheiten des Franziskus war nicht rein somatischer Natur. Vielmehr führte er sie zum Teil bewußt, in selbstzerstörerischer Absicht herbei. Schon den Zeitgenossen fiel auf, daß er seinen Körper „als eine von ihm verschiedene Sache" (II Cel 21), ja sogar als seinen größten Feind ansah (II Cel 122). Er konnte sein Ich von seinem Körper gewissermaßen trennen und ihn wie eine andere Person ansehen und behandeln. Eine dermaßen morbide Spaltung der Persönlichkeit hängt wiederum auf das engste mit seinen religiösen Vorstellungen, insbesondere mit seiner Auffassung von sich selbst als dem leidenden Christus Gleichgestalteter und Vorbild für seine Anhänger zusammen. Neurose und physische Krankheit des Franziskus sind also nicht Teil eines Schicksals, das neben seiner religiösen Entwicklung herläuft, sondern ein untrennbarer Teil derselben. Sowohl im Verhältnis zu seinen Krankheiten wie auch in seinen Beziehungen zu den Menschen seiner Umgebung, besonders was die Verwirklichung des Armutsideals bei sich selbst und innerhalb des Ordens betraf, traten bei Franziskus zunehmend exzentrische Züge zu Tage, die zu einer Distanznahme und einer „Verschlechterung der Gefühle" um ihn herum (Raoul Manselli) führten. Normale Bürger, kirchliche Amtsträger und sogar Mitglieder seines eigenen Ordens empfanden manche seiner Handlungen und Äußerungen als überspannt und verrückt. Aus der Zeit, in der Franziskus die Ordensregel überarbeitete (1221/1222), ist ein böser Satz der Provinzialminister – also der höchsten Amtsträger des Ordens – überliefert, die befürchteten, daß eine zu große Strenge in dem neuen Text ihren Niederschlag finden könnte: „Er soll doch eine Regel für sich, nicht für uns machen!" (faciat pro se et non faciat pro nobis: Leg. Per. 17).

Daß Franziskus selbst gemerkt hat, wie groß sein Abstand von der eigenen Bruderschaft geworden war, beweist das Gleichnis „von der wahren und vollkommenen Freude", das in der Erzählung eines der engsten Gefährten des Heiligen überliefert ist. Franziskus selbst hat den Text in seinen letzten Lebensjahren (nach 1220) seinem Sekretär, Bruder Leo, in die Feder diktiert.

Derselbe Bruder Leonhard berichtet ebendort, der heilige Franziskus habe eines Tages bei S. Maria [das heißt, der Portiuncula-Kirche] den Bruder Leo zu sich gerufen und gesagt: „Bruder Leo, schreibe!"

Der antwortete: „Ja, ich bin bereit."

„Schreibe", sagte er, „was die wahre Freude ist:

Es kommt ein Bote von Paris und sagt, daß alle Professoren von Paris zum Orden gekommen sind. Schreibe: Nicht die wahre Freude! Desgleichen, daß alle Prälaten von jenseits der Alpen, die Erzbischöfe und Bischöfe, weiterhin der König von Frankreich und der König von England sich dem Orden angeschlossen haben. Schreibe: Nicht die wahre Freude! Weiter, daß meine Brüder zu den Ungläubigen gezogen sind und sie alle zum Glauben bekehrt haben; weiter, daß ich so große Gnade von Gott habe, daß ich Kranke heilen und viele Wunder wirken kann. Ich sage dir, daß in alldem nicht die wahre Freude besteht.

Sondern was ist die wahre Freude? Ich kehre von Perugia zurück, und in tiefer Nacht komme ich hierher, und es ist Winterzeit, schlammig und so kalt, daß sich Klunker eiskalten, gefrorenen Wassers am Saum der Kutte bilden und beständig auf die Beine schlagen, daß sie wund werden und das Blut aus den Wunden fließt. Und ganz verdreckt und verkühlt und vereist komme ich an die Pforte, und nach langem Klopfen und Rufen kommte ein Bruder und fragt: ‚Wer ist da?'

Ich antworte: ‚Bruder Franziskus!'

Und er sagt: ‚Hau ab! Das ist keine gehörige Zeit, umherzugehen. Du wirst hier nicht hereinkommen.'

Und wie ich nochmals darauf bestehe, antwortet er: ‚Hau ab! Du bist ein Einfaltspinsel und Dummkopf. Du kommst von jetzt an nicht mehr zu uns herein. Wir sind so zahlreich und so gut, daß wir dich nicht brauchen.'

Und ich stehe erneut an der Pforte und sage: ‚Um der Liebe Gottes willen, nehmt mich wenigstens für diese Nacht auf!'

Und er antwortet: ‚Nein! Geh zum Ort der Kreuzträger und bitte da um Einlaß!,

Ich sage dir, wenn ich dann Geduld habe und mich nicht aufrege, daß darin die wahre Freude und die wahre Tugend und das Seelenheil besteht."

Die Erzählung, die in veränderter Form auch in die *Fioretti* Eingang gefunden hat (Actus, c. VII; Fioretti, c. VIII), zeigt, daß Franziskus imstande war, den extremsten Tiefpunkt seines Lebens in sein religiöses Gedankengebäude einzubauen und zu verkraften: Die wahre und vollkommene Freude besteht eben darin, daß er von dem heiligsten Ort der Bruderschaft, der Portiuncula, mit Schimpf und Schande weggejagt und in die Kälte des Winters verstoßen wird.

Franziskus vor dem Sultan

Nach zwei gescheiterten Versuchen in den Jahren 1212 und 1214, in das Land der „Ungläubigen", das heißt, der Muslime, zu gelangen (I Cel 55f.; III Cel 34), bestieg Franziskus kurz nach Pfingsten 1219 erneut ein Schiff, das ihn nach Ägypten brachte (I Cel 57; Bonaventura, Leg. mai. IX,7–9). Ein Heer christlicher Kreuzfahrer unter dem Oberbefehl des Kardinals Pelagius belagerte damals die Festung Damiette. Nach der Niederlage der Christen am 29. August 1219, die Franziskus vorausgesagt hatte, wurde ein Waffenstillstand vereinbart. Die kurzfristige Waffenruhe nutzte Franziskus aus, um sich zu dem Sultan Melek el-Kamil (1218–1238) zu begeben. Der für seine hohe geistige Bildung berühmte muslimische Großherr, der einige Jahre später in einen intensiven Gedankenaustausch mit dem Kaiser Friedrich II. trat, befragte Franziskus zu den zentralen christlichen Lehrauffassungen über Trinität und Erlösung. Er „hörte ihm bereitwillig zu und lud ihn dringend ein, längere Zeit bei ihm zu bleiben" (Leg. mai. IX,8).

Daß der Sultan Franziskus freundlich aufgenommen habe, berichtet auch Jakob von Vitry, Bischof von Akkon, der damals selbst im Heer der Kreuzfahrer war und die Ereignisse aus nächster Nähe miterlebte. In einem Brief, den er im Februar 1220 an seine Freunde in Lothringen schrieb, berichtet er, Franziskus sei zunächst zu dem bei Damiette lagernden Heer der Christen gekommen; von dort aus habe er sich dann in das Lager der Feinde begeben. Er habe dann „viele Tage lang" den Sarazenen das Wort Gottes gepredigt, allerdings ohne nennenswerten Erfolg. Der Sultan von Ägypten habe ihn darauf insgeheim gebeten, er möge Gott für ihn bitten, daß er derjenigen Religion angehören könne, die Gott am ehesten gefalle. Jakob von Vitry hebt in seinem Bericht besonders die *Liebenswürdigkeit* des Franziskus hervor, die bei allen Menschen, die ihm begegneten, Achtung hervorrief (frater Franciscus ... adeo amabilis est, ut ab omnibus hominibus veneretur). Ohne Zweifel hat der Heilige damit auch die Zuneigung des muslimischen Großherrn gewonnen. In seiner „Orientalischen Geschichte" weiß der gleiche Autor zu berichten, der Sultan habe „einige Tage lang" mit großer Aufmerksamkeit der Predigt des Franziskus zugehört, habe dann allerdings befürchtet, es könnten Leute aus seinem Heer bekehrt werden und zu den Christen überlaufen. Er habe darauf Franziskus mit den Worten verabschiedet: „Bitte für mich, daß Gott das Gesetz und den Glauben, der ihm mehr gefällt, mir zu offenbaren geruhe." Dann habe er ihn sicher und ehrenvoll in das Lager der Christen zurückgeleiten lassen.

Ob Franziskus dem Sultan eine Feuerprobe zum Erweis der Wahrheit des Christentums angeboten hat, wie es, im Anschluß an den Bericht des heiligen Bonaventura, auf den großen Freskenzyklen des Franziskus-Lebens dargestellt wird, ist fraglich, wenn auch nicht ganz unglaubwürdig. (Die entsprechende Nachricht in der „Legenda maior" scheint auf Bruder Illuminatus zurückzugehen, der Franziskus in das Lager Melek el-Kamils begleitete.)

Die Erfolglosigkeit der Predigt des Franziskus unter den Muslimen wird von allen älteren Quellen vorbehaltlos eingeräumt. Erst die „Actus" (c. XXVII) und in ihrem Gefolge die „Fioretti" (c. XXIV) enthalten die phantastische Geschichte von einem geheimen Christentum des Sultans und dessen Taufe durch zwei von Franziskus entsandte Brüder kurz vor seinem Tode. „Und so wurde seine Seele aufgrund der Verdienste des heiligen Vaters gerettet."

Nach den „Fioretti" soll Melek el-Kamil Franziskus „ein Zeichen" (uno segnale; signaculum) mitgegeben haben, um ihn vor Übergriffen seiner Untertanen zu schützen. Vielleicht ist damit das schöne elfenbeinerne Horn gemeint, das bis heute im Sacro Convento zu Assisi aufbewahrt wird. Nach alter Tradition soll der Heilige mit diesem Geschenk des Sultans von Ägypten das Volk zur Predigt zusammengerufen haben. In dem als Dokument seiner „politischen Theologie" wichtigen „Brief an die Lenker der Völker" fordert Franziskus die politischen Machthaber ultimativ, unter Hinweis auf ihre beim Jüngsten Gericht abzulegende Rechenschaft, auf, allabendlich durch einen Herold oder ein Zeichen ansagen zu lassen, daß dem allmächtigen Herrgott vom gesamten Volk Lob und Dank gesagt würde (Epistola ad populorum rectores, 7f.). Wie schon Kajetan Esser, der verdienstvolle Herausgeber der ersten kritischen Edition der Opuscula des Franziskus bemerkt hat, steht hinter dem Wunsch, Lob und Dank gegenüber Gott gewissermaßen zu einer öffentlichen und gesellschaftlich verpflichtenden Angelegenheit zu machen, die Erfahrung, die Franziskus bei seinem Aufenthalt im Orient mit dem Gebetsruf des Muezzin gemacht hatte.

Ganz ohne Zweifel hat das Franziskanertum an der Geschichte der öffentlichen Zeichengebung für die Gebetszeiten, namentlich das dreimalige Angelus-Läuten, einen wesentlichen Anteil. Das Gleiche gilt für das bereits (im Zusammenhang mit der Alverna-Vision) erwähnte Elf-Uhr-Läuten am Freitag. Es wird hier ein Bereich berührt, mit dem die kirchenoffizielle Hochtheologie der heutigen christlichen Konfessionen nichts zu tun haben will, weil er in die „Niederungen" der Volksreligion hinabreicht. Die Bedeutung der Kirchenglocken für das franziskanisch geprägte Christentum ist jedoch unübersehbar. Zu einer franziskanischen Kirche gehört notwendig der Glockenturm, und sei es in seiner bescheidensten Variante, dem Glockengiebel (ital.: Quarto). Das wohl kleinste Beispiel dafür ist der winzige Quarto des Oratoriums in der Einsiedelei von S. Urbano bei Narni. Hier hat zugleich der größte Gegensatz zu dem von Bruder Elias erbauten imposanten Campanile von S. Francesco in Assisi seine bauliche Gestaltung gefunden, von dem, wie der Chronist Salimbene de Adam berichtet, schon ein gutes Jahrzehnt nach dem Tode des Ordensstifters (ab 1239) das Konzert von sechs Glocken das Tal erfüllte. Bei dem Bau der zweiten großen städtischen Franziskanerkirche, den Elias in den Jahren 1245–1253 in seiner Heimatstadt Cortona unternahm, kehrte er – wohl aus Kostengründen – zu der bescheideneren Form des Glockengiebels zurück.

Fraglich ist, ob Franziskus im Anschluß an seinen Aufenthalt am Hofe des Sultans Melek el-Kamil die heiligen Stätten von Jerusalem und Bethlehem aufgesucht hat. In der neueren Forschung ist dies mit dem Hinweis auf das Fehlen einer diesbezüglichen Nachricht in den älteren Quellen (einschließlich der „Legenda maior" Bonaventuras) und auf die Tatsache, daß er sich mit einer solchen Wallfahrt die Exkommunikation zugezogen hätte, bestritten worden. Denn der Papst Honorius III. hatte am 24. Juli 1217 unter Strafe der Exkommunikation verboten, die heiligen Stätten zu besuchen und den Sarazenen den dafür üblichen Tribut zu entrichten. Dem das Kreuzfahrerheer in päpstlichem Auftrag kommandierenden Kardinal Pelagius, Bischof von Albano, und allen Kreuzfahrern war der Inhalt dieser Bulle selbstverständlich bekannt. Der „katholische" und der Römischen Kurie in jeder Weise gehorsame Franziskus – so die Argumentation – hätte niemals einer Anweisung des Papstes entgegengehandelt und den Kirchenbann riskiert. Zu der Gehorsamshaltung des Franziskus der Römischen Kurie gegenüber paßt, daß er um die Genehmigung des päpstlichen Legaten nachsuchte, als er das Lager der Christen verlassen und sich zu den Sarazenen begeben wollte. Daß er aber anschließend von Ägypten nach Syrien gereist sein soll, ohne Bethlehem und Jerusalem zu sehen, ist ganz unwahrscheinlich. Denn er trat die Rückreise nach Italien von Akkon aus an, worauf die bei Jordan von Giano erhaltenen Notizen schließen lassen (Chronica Fratris Jordani, cc. 10–14). Akkon ist aber von Jerusalem nicht mehr als drei oder vier Tagereisen entfernt. Nachrichten über eine Pilgerreise des Franziskus zu den heiligen Orten von Jerusalem und Bethlehem sind allerdings erst in relativ späten Quellen überliefert, wie der „Vita del povero Francesco" (c. 14) und der Chronik des Spiritualen Angelus Clarenus (Chronicon seu Historia septem tribualionum Ordinis Minorum, Tribulatio I). Das Schweigen der „offiziellen" Legenden des Celano und des Bonaventura dagegen besagt hier ebenso wenig gegen die Echtheit der Tradition wie im Falle der „Vergebung von Portiuncula". Vielmehr ist das nicht kirchenkonforme Verhalten des Heiligen gerade ein Grund dafür, weshalb derartige Ereignisse in den älteren Legenden nicht erwähnt werden. Es ergäbe sich dann aber die

Folgerung, daß Franziskus seit seiner Orientreise ein im Sinne des geltenden Kirchenrechts Exkommunizierter war. Mit dem Kirchenbann sanktioniert war auch das Aufsuchen einer Wahrsagerin (Pythonissa), wie es Franziskus, zusammen mit Bruder Elias von Cortona, vor seiner Abreise von Syrien unternahm. Es ist nirgends überliefert, daß er sich über seine doppelte Exkommunikation den Kopf zerbrochen hätte.

Ordensregel und Testament

Die ihm insgeheim von einem Bruder nach Syrien überbrachte Nachricht, daß der Orden in Europa aus den Fugen zu geraten drohte, und der schon erwähnte Orakelspruch der syrischen Seherin veranlaßten Franziskus, im Sommer 1220 über Venedig nach Italien zurückzukehren. Gegen Ende des Jahres wurde er bei dem Papst Honorius III. persönlich vorstellig und bat ihn darum, den Kardinal Hugolino, Bischof von Ostia, als Protektor des Ordens einzusetzen. Ein verhängnisvoller Schritt: denn der Kardinal, der sich schon früher in die Angelegenheiten des Franziskus und seiner Bewegung intensiv eingemischt hatte, nahm nun alle Fäden in die Hand, um deren innere und äußere Entwicklung zu steuern.

1223 wurde die Ordensregel, die in den Jahren 1209–1221 den jeweiligen Umständen entsprechend allmählich erweitert worden war, durch eine Neufassung ersetzt. Zwar sind auch in der neuen Regel die ursprünglichen Ideale der Gemeinschaft klar ausgesprochen, aber es herrscht nunmehr ein anderer Ton und vor allem ein anderer Geist: Die gesetzliche, in juristisch verbindliche Formen gegossene Sprache beweist, daß hier ein Kanonist letzte Hand angelegt hat, dem vor allem an der Integration des Franziskanertums in das kirchliche Rechts- und Ordnungssystem gelegen war. Die ältere Regel (Regula non bullata) dagegen setzt sich aus Ermahnungen und Ratschlägen im Geist des Evangeliums zusammen und spiegelt die Lebenseinstellung des Franziskus selbst und der ursprünglichen Bruderschaft wider: Es geht in ihr weniger um die Erfüllung einzelner gesetzlicher Bestimmungen als um den alltäglichen beispielhaften, „geistlichen" Vollzug des Lebens in einer durch Frieden und Liebe bestimmten Gemeinschaft.

Verglichen mit der klerikal-hierokratisch geprägten Verfassung der mittelalterlichen Kirche war die „Regula non bullata" geradezu revolutionär: In ihr war der Unterschied von Oberen und Untergebenen, Klerikern und Laien faktisch aufgehoben (Regula non bull. V, 9–12; VI):

In gleicher Weise sollen alle Brüder gerade in dieser Angelegenheit [das heißt, der Sündenvergebung] keine Vollmacht oder Herrschaft untereinander haben. Denn wie der Herr im Evangelium sagt: Die Fürsten der Völker herrschen über sie, und die Hochgestellten üben über sie ihre Macht aus, so soll es unter den Brüdern nicht sein. Wer unter ihnen der Größere werden will, der soll ihr Diener und Knecht sein. Und wer unter ihnen der Höhere ist, der soll wie der Geringere werden [Mt 20,25 f.] ...

Wenn die Brüder, an welchen Orten immer sie sich aufhalten, unsere Lebensform nicht einhalten können, dann sollen sie so schnell wie möglich zu ihrem Minister eilen und ihm das anzeigen. Der Minister aber soll sich bemühen, so für Vorsorge zu treffen, wie er selbst möchte, daß mit ihm umgegangen würde, wenn er sich in der gleichen Lage befände. Und keiner soll „Oberer" (Prior) genannt werden, sondern alle sollen generell „Minderbrüder" (Fratres Minores) genannt werden. Und einer soll die Füße des anderen waschen [Joh 13,14].

Man sieht, daß für Franziskus die Anweisungen Christi an seine Apostel maßgebend waren. Ihm schwebte eine spirituelle, geisterfüllte Gemeinschaft vor, ein Orden, in dem der *Heilige Geist* die eigentliche Autorität war. Bei der Neufassung der Regel wollte er einen entsprechenden Passus aufnehmen. Aber das war nicht mehr möglich, weil jetzt ein anderer angab, in welche Richtung die Bewegung zu gehen hatte (II Cel 193):

„Bei Gott", sagte er, „gibt es kein Ansehen von Personen [Rom 2,11], und der Generalminister des Ordens, der Heilige Geist, ruht in gleicher Weise über dem Armen und Einfältigen." Dieses Wort wollte er in die Regel aufnehmen; aber die bereits erfolgte Bullierung schloß das aus (sed bullatio facta praeclusit).

Bezüglich des den Amtsträgern geschuldeten Gehorsams heißt es in der älteren Regel (Regula non bull. V, 1 f.) noch:

Deshalb bewahret eure Gewissen (animas: Deut 4,15) und die eurer Brüder, denn es ist furchtbar, in die Hände des lebendigen Gottes zu fallen (Hebr 10,31). Sollte aber einer von den Ministern einem Bruder etwas gegen unsere Lebensweise oder gegen sein Gewissen (anima) vorschreiben, dann soll der Betreffende nicht verpflichtet sein, ihm zu gehorchen; denn es handelt sich nicht um den Gehorsam, in dem ein Vergehen oder eine Sünde begangen wird.

In der Regel von 1223, der Honorius III. am 29. November seine Approbation erteilte, indem er sie zum Bestandteil eines kirchenamtlichen Dokumentes (Bulle) machte, tritt dagegen der hierokratisch-juristische Geist des Kardinals Hugolino von Ostia zutage. Sie betont die Gehorsamspflicht den Oberen gegenüber und den Verzicht der Brüder auf ihren eigenen Willen. Die Pflicht, den Gehorsam zu verweigern, falls der Vorgesetzte etwas gegen das Gewissen oder gegen die Lebensform anordnet, ist in einem Nebensatz versteckt worden.

Franziskus, der sehr wohl erkannte, daß ihm unter Vorspiegelung von Freundschaft und Wohlwollen sein Orden aus den Händen gerissen worden war – was er auch in großer Erregung laut herausschrie (Leg. Per. 44; II Cel 188) –, versuchte, die wesentlichen Elemente seines Lebensideals zu retten, indem er einige Wochen vor seinem Lebensende ein geistliches Vermächtnis, das so genannte „Testament" verfaßte; es sollte nach seinem Willen die gleiche Verbindlichkeit haben wie die Regel (Test. 35–39):

Und der Generalminister und alle anderen Minister und Custoden sollen unter der Gehorsamspflicht gehalten sein, zu diesen Worten nichts hinzuzufügen oder etwas davon wegzulassen [Deut 4,2; 12,32; Apoc 22,18 f.]. Und sie sollen dieses Schriftstück immer bei sich haben neben der Regel. Und bei allen Ordenskapiteln, die sie veranstalten, sollen sie, wenn sie die Regel lesen, auch diese Worte lesen. Und allen meinen Brüdern, Klerikern und Laien, schreibe ich unter dem Gehorsam fest vor, daß sie keinerlei Auslegungen hinzufügen, weder zu der Regel, noch zu diesen Worten, indem sie sagen: So wollen sie verstanden werden. Vielmehr wie mir der Herr gegeben hat, einfach und klar die Regel und diese Worte zu sagen und zu schreiben, so sollt ihr sie einfach und ohne Auslegung verstehen und mit heiliger Verwirklichung durch die Tat bis zum Ende bewahren.

Aber sowohl der Versuch, einzelne zentrale Anliegen und Ideale mittels dieses geistlichen Vermächtnisses für die Bruderschaft als verpflichtend zu erhalten, als auch die Verbindlichkeit des gesamten Testaments als eines der Regel gleichrangigen Textes scheiterte schließlich am Widerstand der Mehrheit des Ordens und der übergeordneten päpstlichen Gesetzgebung.

Tod bei der Portiuncula und Bestattung in Assisi

Die Quellen berichten an zahlreichen Stellen von den vielfältigen Krankheiten, unter denen Franziskus litt (s.o.). Zwei Jahre vor seinem Tod, nach der Stigmatisierung im Herbst 1224, zeigte sich, daß sein Körper dem Angriff der vielfältigen Krankheiten nicht mehr gewachsen war. Thomas von Celano erwähnt, daß Franziskus die ärztliche Behandlung ablehnte, da er seinen Tod und die Vereinigung mit Christus herbeisehnte (nach Phil 1,23). Die diesbezüglichen gut gemeinten Ratschläge seiner Gefährten schlug er in den Wind (I Cel 98). Man erkennt an der Wortwahl des Biographen, daß die Brüder von der „religiösen" Motivierung der Passivität gegenüber der Krankheit keineswegs überzeugt waren, vielmehr sein Verhalten als eine der von ihm auch sonst bekannten unvernünftigen Übertreibungen ansahen.

Schließlich ergriff Bruder Elias von Cortona, der inzwischen (wahrscheinlich seit dem 2. Juni 1224) die Leitung des Ordens als Generalminister übernommen hatte, die Initiative und redete ihm energisch zu, sich einer Behandlung zu unterziehen. Als auch der Kardinal Hugolino sich einschaltete, willigte Franziskus schließlich in die Behandlung seines Augenleidens durch einen berühmten Arzt ein, der sich damals am päpstlichen Hof in Rieti aufhielt. Die zur damaligen Zeit üblichen barbarischen Heilmethoden – Brennung mit einem glühenden Eisen an den Schläfen, Aderlaß, Pflaster und Augensalbe –

brachten jedoch keinerlei Linderung der Krankheit. Im April 1226 veranlaßte Bruder Elias den Transport des Kranken nach Siena zur Behandlung der Augen durch einen anderen Arzt (I Cel 105; II Cel 93. 137). Aber alle Bemühungen waren vergeblich. Es zeigte sich jetzt, daß auch die inneren Organe ruiniert waren. Er erlitt einen schweren Blutsturz. Darauf ließ ihn Bruder Elias in den Konvent Le Celle bei Cortona überführen. Hier verschlimmerte sich sein Zustand rapide: Der Leib und die Beine schwollen an – ein Zeichen, daß das Herz zu versagen begann. Er konnte kaum noch Nahrung zu sich nehmen. Er bat nun darum, nach Assisi gebracht zu werden; denn dort, bei der Portiuncula-Kirche, wollte er sterben.

Die Bevölkerung der Stadt, die seinen Tod in Kürze erwartete, nahm Franziskus mit großer Freude auf (Anfang September 1226). Thomas von Celano scheut sich nicht, den Grund der Freude ausdrücklich zu nennen (I Cel 105):

> Die gesamte Volksmenge erwartete nämlich, daß der Heilige Gottes demnächst sterben werde, und das war die Ursache für eine so große Freude.

Die freudige Erwartung der Assisiaten galt also dem Besitz der unschätzbar wertvollen Reliquie. (Die Zukunft sollte zeigen, daß die sterblichen Überreste des radikalsten Verkünders der Armut, den die christliche Religionsgeschichte kennt, nicht nur ein geistlicher Wert waren; sie sind auch eine der ertragreichsten Kapitalanlagen, die je eine Stadt getätigt hat.) Von der Portiuncula brachte man Franziskus – wohl wegen des auch im September im Tal von Spoleto noch drückenden Klimas – in das höher gelegene Bagnaia bei Nocera. Von dort holte ihn Ende des Monats ein Trupp von Rittern in großer Eile wieder zurück nach Assisi, „in der Befürchtung, er bliebe dort und andere nähmen seinen allerheiligsten Leichnam in Besitz“ (Leg. Per. 96; vgl. II Cel 77).

Franziskus wurde nun in den Palast des Bischofs von Assisi gebracht, wo er, Tag und Nacht streng bewacht, seine letzten Tage verlebte (Leg. Per. 99). Inzwischen war er zu einem puren Gerippe abgemagert; die Haut schien an den Knochen zu kleben, und die Ärzte und Brüder wunderten sich, daß er überhaupt noch eine Spur von Leben in sich hatte (I Cel 107). Erst jetzt dämmerte ihm die Einsicht, daß er sich an seinem „Bruder Körper“ schwer versündigt hatte (3 Soc 14; vgl. II Cel 210f.). Als ihm der Arzt Buongiovanni (Bonus Iohannes; Gut-Hans) von Arezzo sein baldiges Ende ankündigte, sagte er: „Willkommen sei meine Schwester Tod!“ (Leg. Per. 100; II Cel 217). Dann ließ er sich eilends zu der Portiuncula-Kirche bringen, weil er dort sterben und begraben werden wollte (Jordan von Giano, Chronik, 50). Seine letzten Stunden inszenierte er, wie viele Höhe- und Wendepunkte seines Lebens, nach einem sorgfältig vorausbedachten Plan. Der Gedanke, der ihn dabei leitete, war der, daß er seinen Brüdern wie in allem, so auch durch sein Sterben ein Beispiel geben müsse.

Zum Andenken an das letzte Mahl Jesu ließ er sich einen Abschnitt aus dem Johannes-Evangelium vorlesen, und zwar vom Beginn des 13. Kapitels an, wo das Abendmahl und die Fußwaschung „am Tag vor dem Osterfest“ erwähnt werden. Was dann geschah, berichtet die „Legenda Perusina“ mit den folgenden Worten (22):

Danach ließ er Brote vor sich bringen und segnete sie. Und weil er sie wegen seiner krankheitsbedingten Schwäche nicht brechen konnte, ließ er sie von einem Bruder in mehrere kleine Teile brechen. Dann nahm er sie, reichte jedem von den Brüdern ein kleines Stück und wies sie an, es ganz zu essen. Denn wie der Herr an einem Donnerstag vor seinem Tod mit den Aposteln speisen wollte, so hatten diese Brüder irgendwie den Eindruck, daß der heilige Franziskus sie vor seinem Tod segnen wollte, und mit ihnen alle anderen Brüder, und daß sie das gesegnete Brot äßen, so als ob sie irgendwie zusammen mit ihren übrigen [körperlich nicht anwesenden] Brüdern speisten. Und das ergibt sich für uns ganz evident, weil er, obwohl es ein anderer Tag als der Donnerstag war, den Brüdern sagte, er glaube, es sei Donnerstag.

Für den aufmerksamen Leser ist klar, daß hier eine der sakramentalen Zeichenhandlungen außerhalb des offiziellen Kultes der Katholischen Kirche beschrieben wird, wie sie Franziskus des öfteren in seinem Leben vollzogen oder „gespielt“ hat. Die ganze Brisanz des Vorganges wird deutlich, wenn man sich die Parallelen in den „offiziellen" Lebensbeschreibungen näher ansieht: Thomas von Celano, in seiner zweiten Legende, berührt das Ereignis mit einem einzigen Satz, der von der quasisakramentalen Bedeutung der Handlung des Franziskus ablenkt. Der heilige Bonaventura aber wird auch in seiner Schilderung vom Lebensende des Franziskus seinem Ruf als größter Klitterer von dessen Biographie gerecht. Er übergeht die mit dem kultischen System der Römischen Kirche nicht konforme sakrale Zeichenhandlung seines Ordensstifters mit Schweigen. Statt dessen steht an der entsprechenden Stelle (Leg. mai. XIV, 5) der Satz:

Er sprach ausführlich über die Notwendigkeit, Geduld und Armut und Treue gegenüber der heiligen Römischen Kirche zu bewahren, aber über alle anderen Normen stellte er das heilige Evangelium.

Aus der oben zitierten Erzählung der „Legenda Perusina" dagegen geht der kultische und Gemeinschaft stiftende Charakter der Handlung und deren enge Anlehnung an das Vorbild des letzten Mahles Jesu klar hervor; ebenso, daß bereits Franziskus selbst sich für einen „zweiten Christus" gehalten und als solchen inszeniert hat. Hinzu kommt die merkwürdige Tatsache, daß *alle Quellen* es offen lassen, ob Franziskus die üblichen Sterbesakramente der Katholischen Kirche empfangen hat („Wegzehrung" und Letzte Ölung). Auszuschließen ist das sicher nicht. Aber das gänzliche Schweigen der Quellen darüber bleibt doch bedenkenswert, zumal alle anderen Vorgänge im Detail beschrieben werden.

Von seiner vertrauten Freundin, der reichen adeligen Dame Jacopa dei Settesoli („Bruder Jacopa"), hatte Franziskus sich das Tuch für sein Totenkleid besorgen lassen: einen feinen grauen Stoff, wie ihn die Cistercienser im Orient (Outremer) für ihr Ordenskleid verwendeten. Er bat sie auch schriftlich, eine große Menge Wachs und Weihrauch zur Feier seiner Exequien (das sind die Riten des kirchlichen Totenkults) mitzubringen. Schließlich wollte er noch einmal von dem feinen Gebäck kosten, das sie immer für ihn herstellte, wenn er in

Rom war (Leg. Per. 8; es waren kleine Mandelmakronen, wie es sie auch heute noch in Umbrien, der Toskana und Latium zu kaufen gibt).

Trotz diesen Veranstaltungen, die in einem merkwürdigen Widerspruch zu dem franziskanischen Armutsideal zu stehen scheinen, wollte Franziskus nackt auf der Erde liegend sterben und so noch etwa zwanzig Minuten liegen bleiben. „Schwester Tod“ holte ihn am Abend des 3. Oktober 1226, einem Samstag, ein.

Viele Jahre danach erzählte sein Sekretär und Beichtvater, Bruder Leo von Assisi, der bei seinem Tode anwesend war und zwei Jahre davor die Ereignisse auf dem Alverna-Berg aus nächster Nähe miterlebt hatte, dem Chronisten Salimbene de Adam, der Heilige habe kurz nach seinem Tode das Aussehen eines soeben vom Kreuze Abgenommenen gehabt (Chronica Fratris Salimbene, CCCM 125, 296). Dem entspricht die Aussage des Generalministers Elias in seinem Rundbrief, in dem er den Orden vom Tod des Stifters unterrichtete (Epistola encyclica, 17–19; vgl. auch o. Kap. 6: Der „zweite Christus“):

> Nicht lange vor seinem Tod erschien unser Bruder und Vater als ein Gekreuzigter; er trug die fünf Wunden, die in Wahrheit die Stigmata Christi sind, an seinem Leib. Denn seine Hände und Füße hatten so etwas wie die Durchstiche der Nägel, die beidseitig fest eingedrückt waren; die Narben waren zurückgeblieben, und die Schwärze der Nägel war erkennbar. Seine Seite aber erschien wie von einer Lanze durchbohrt und sonderte häufig Blut ab.

Einem namentlich nicht genannten Bruder erschien der unmittelbar nach seinem Tod verherrlichte Franziskus in einer Vision mit Christus zu einer einzigen Person verschmolzen zu sein (quod Christi et beati Francisci una persona foret: II Cel 219).

Daß ein Heiliger in seiner eigenen Vorstellung und der seiner Anhänger zu einer derartigen Konformität, ja Identität mit dem Gottessohn Christus gelangt, ist in der christlichen Religionsgeschichte etwas Einmaliges. Es genügt dazu, einen Blick auf die Schilderung vom Ende des heiligen Dominikus, des Stifters des nach ihm benannten Prediger-Ordens, zu werfen, die dessen Nachfolger Jordan von Sachsen gibt (Libellus de principiis Ord. Praedicatorum, 69f.). Dominikus war Zeitgenosse des Franziskus; er starb am 6. August 1221 in Bologna. Sterbend verhieß er seinen Brüdern, er werde ihnen als Toter nützlicher sein als während seines Lebens. Er war also gewiß, zum ewigen Heil zu gelangen. Noch in seiner Todesstunde hatte Bruder Guala, Prior der Niederlassung des Ordens in Brescia, eine Vision: Er erblickte eine Öffnung im Himmel, durch die zwei Leitern herabgelassen wurden. Am oberen Ende der einen Leiter saß Christus, an dem der anderen seine Mutter, und auf beiden stiegen Engel auf und ab. Jordan fährt fort:

Nun wurde ganz unten am Fuß der Leitern, in ihrer Mitte, ein Stuhl aufgestellt, und auf dem Stuhl saß einer, der aussah wie ein Bruder des Ordens: Er hatte das Gesicht mit seiner Kapuze verhüllt, so wie es bei uns üblich ist, unsere Toten zu beerdigen. Christus und seine Mutter zogen nun die beiden Leitern nach oben, bis der zu ihrer höchsten Höhe gelangte, der ganz unten auf sie gesetzt worden war. Nachdem der nun mit strahlend hellem Glanz unter dem Gesang der Engel in den Himmel aufgenommen war, da wurde jene helle Öffnung des Himmels geschlossen, und nichts weiter erschien mehr.

Es wird also hier eine zwar außergewöhnliche, aber letztlich doch „normale", der traditionellen kirchlichen Vorstellung entsprechende, Aufnahme eines Heiligen und Ordensstifters in die himmlische Herrlichkeit geschildert, keineswegs, wie im Falle des Franziskus, eine Apotheose (Vergöttlichung).

Am 4. Oktober 1226 brachte man den Leichnam des Franziskus, entgegen seinem erklärten Willen, nach Assisi, wo er in der Krypta der Kirche S. Giorgio bestattet wurde. Die Überreste dieser Kirche, in der Franziskus in seiner Kindheit lesen und schreiben gelernt und in der er nach seiner Bekehrung zu predigen begonnen hatte, sind innerhalb des Kreuzgangs des Protomonastero di S. Chiara erhalten. Knapp vier Jahre nach der ersten Bestattung, kurz vor Pfingsten 1230, wurde die Reliquie in die neue, von Bruder Elias von Cortona auf dem westlich der Stadt gelegenen Hügel erbaute Grabeskirche übertragen.

8. Wirkung und Folgen

Die radikale Armutsauffassung des Franziskus, aber auch seine Vorstellungen von der Erlösung der Welt, erwiesen sich in dem Jahrhundert nach seinem Tode als eine permanente Ursache schwerer Konflikte innerhalb der Kirche und des Ordens. Beides war mit dem traditionellen Lehr- und Rechtssystem der Römischen Kirche kaum zu vereinbaren. Hugolino von Ostia, der 1228 als Papst Gregor IX. den Apostolischen Stuhl bestiegen hatte, suchte vor allem das franziskanische Armutsideal auszuhöhlen, weil er befürchtete, es könnte der Hierokratie gegenüber eine subversive, revolutionäre Kraft entfalten: Eine Gemeinschaft, in der Besitz und Macht nichts galten und die den Anspruch erhob, die wahre Kirche Christi zu sein, mußte ein beständiger Vorwurf für die sich auf Reichtum und Herrschaft stützende aktuelle Kirche sein. Gregor IX., der Franziskus schon zu dessen Lebzeiten mit Mißtrauen beobachtet und schließlich durchschaut hatte, begegnete dieser Gefahr vor allem dadurch, daß er dessen „Testament" mit der Bulle „Quo elongati" vom 28. September 1230 außer Kraft setzte und für unverbindlich erklärte, sodann, indem er dem Orden, unter grundsätzlicher Wahrung des Besitzverbots, faktisch doch die Tätigung von Geldgeschäften und den Umgang mit Eigentum gestattete. Die gemeinschaftliche Armut der Bruderschaft, eines der wesentlichen Merkmale, durch das sie sich von den älteren Mönchsorden unterscheiden sollte, war schon wenige Jahre nach dem Tode des Stifters zur bloßen Fiktion geworden. Mit der im Juli 1228 erfolgten Heiligsprechung des Franziskus und der Anordnung des Baus einer prachtvollen Doppelkirche zu seinem Andenken erhob der Papst ihn zu einem singulären, außerordentlichen Heiligen, brach damit aber zugleich seinen heterodoxen, für die Kirche gefährlichen Ideen die Spitze ab.

Innerhalb des Ordens stritten sich dessen zwei Hauptrichtungen, die laxere „Kommunität" und die radikaleren „Zelanti", die später „Spiritualen" genannt wurden, erbittert um die dem Willen des Stifters entsprechende Auslegung der Regel. Obwohl Franziskus eine Kommentierung der Regel und vor allem die Nachsuche um deren Interpretation beim Apostolischen Stuhl strikt untersagt hatte, griffen die Päpste immer wieder mit „endgültigen“ Verlautbarungen in die Streitigkeiten ein, meistens zugunsten der gemäßigteren oder laxeren Auffassung. Zweifellos stehen die Spiritualen den Idealen des Franziskus näher und sind seine legitimen geistigen Erben. Nach langwierigen Auseinandersetzungen zog das Papsttum zu ihnen den endgültigen Trennungsstrich: Der Papst Johannes XXII. (1316–1334) erklärte am 17. Oktober 1317 mit der Bulle „Quorundam exigit“ ihre Auffassungen für häretisch. Die vier letzten Spiritualen, die sich dem Spruch nicht unterwerfen wollten, wurden am 7. Mai 1318 in Marseille verbrannt.

Im Jahre 1321 geriet der gleiche Papst mit dem gesamten Franziskanerorden in Konflikt, weil er das Festhalten des Ordens an der Identität der franziskanischen Armut mit der Armut Christi nicht länger dulden wollte. Dagegen wollten die Leitung des Ordens und dessen Professoren, die mittlerweile an den Universitäten Paris und Oxford eine geistige Großmacht darstellten, die Rechtgläubigkeit der radikalen Armut wenigstens in Wort und Schrift, wenn auch nicht mehr in der Praxis, hochhalten. Das päpstliche Schreiben „Cum inter nonnullos“ vom 12. November 1323 setzte dem ein vorläufiges Ende: In ihm erklärte Johannes XXII. die Behauptung, Christus und die Apostel hätten weder privaten noch gemeinsamen Besitz gehabt, für irrig und häretisch. Damit war auch das ursprüngliche Ideal des Franziskus selbst (!) zur Häresie erklärt worden.

Der Nachfolger des Franziskus im Amt des Generalministers, Bruder Elias von Cortona, ließ ab 1228 in einem guten Jahrzehnt unter gewaltigem Arbeits- und Kapitalaufwand die Doppelkirche S. Francesco auf einem Hügel westlich der Stadt Assisi erbauen. Dies erregte das Mißfallen der treuen Anhänger des Franziskus, der den Bau großer Kirchen und Klosteranlagen ausdrücklich verboten hatte. Doch Elias hielt von dem Armutsideal des Ordensstifters überhaupt nichts; er hatte nicht einmal das entsprechende Gelübde abgelegt. Andererseits erblickte er, genau wie seine radikaleren Ordensbrüder, in Franziskus eine überragende Gestalt der Heilsgeschichte und war von dessen heterodoxer Erlösungslehre angetan, wie der Rundbrief beweist, den er kurz nach dem Tode des Heiligen an den Orden richtete (Epistola encyclica de transitu Sancti Francisci: Fontes Franciscani, 247–255). Als politischer Mensch par excellence sah er aber wohl Armut und Selbstdemütigung als ungeeignete Mittel an, in dieser Welt etwas durchzusetzen.

Die aufrichtigste Anhängerin des Franziskus und treueste Verfechterin seines Armutsideals war zweifellos Klara von Assisi (1193–1253). Franziskus, an den sie eine tiefe (jedoch einseitige!) Liebe band, hatte der aus adeliger Familie stammenden jungen Dame am 28. März 1211 in der Portiuncula-Kirche die Haare abgeschnitten und die Jungfrauenweihe erteilt. Noch im gleichen Jahr hatte er sie und ihre ersten drei Gefährtinnen in das von ihm selbst instandgesetzte Kloster S. Damiano eingeschlossen und damit den weiblichen Zweig des Ordens, die später so genannten Klarissen, begründet. Entgegen ihrem Wunsch durften die franziskanischen Frauen nicht wie die Brüder durch die Welt ziehen: Die „ewige Einschließung", die Klausur nach dem Vorbild der benediktinischen Frauenklöster, und damit die beständige Bindung an einen Ort, trat an die Stelle des apostolischen Wanderlebens. Während Franziskus in diesem heiklen Punkt der Römischen Kurie nachgab, weil er jeden Verdacht der Ähnlichkeit mit den Ketzern seiner Zeit (Katharern und Waldensern) vermeiden wollte, führte Klara nach seinem Tode mit den Päpsten Gregor IX. und Innocenz IV. einen aussichtslosen Kampf um die Verankerung der gemeinschaftlichen Besitzlosigkeit in der Ordensregel. Dabei scheute sie sich nicht, Gregor IX. ins Angesicht zu widerstehen und ihm den Gehorsam zu verweigern (ein im Hochmittelalter singulärer Fall). Die Päpste aber hatten nichts anderes im Sinn, als Klara die Annahme von (Grund-) Besitz aufzunötigen und damit sie und ihre Gefährtinnen für immer an den Ort ihrer Einschließung zu binden.

Als Klara schließlich zwei Tage vor ihrem Tod von Innocenz IV. die Zustimmung zu ihrer Regel mit der Armutsforderung im ursprünglich franziskanischen Sinne erreicht hatte (am 10. August 1253), war dies ein Sieg auf dem Papier, der für das Leben der „Armen Damen" ohne Folgen blieb.

Die Vorstellungen, die Franziskus von der Erneuerung der Kirche hatte und von denen er überzeugt war, daß Gott selbst sie ihm geoffenbart hatte, hätten eine vollständige Umgestaltung der mittelalterlichen Kirche, eine neue Religion, zur Folge gehabt, wenn sie, seinen Träumen und Visionen entsprechend, verwirklicht worden wären. Die maßgeblichen Leitungsorgane der Römischen Kirche haben dem vorgebeugt, indem sie nach der Zerschlagung des genuinen Franziskanertums dessen verbliebene Reste in die Kanäle des normalen katholischen Ordenswesens leiteten. Daß die „franziskanischen Familien" innerhalb der Katholischen Kirche noch immer eine geistige Macht sind, die auf vielen Gebieten positive Wirkungen erzielt, wird im Ernst niemand bestreiten wollen. Gleichwohl haben die Ideen des Franziskus, als eine der großen Utopien der Menschheitsgeschichte, in der Neuzeit gerade außerhalb der religiösen Gemeinschaften und christlichen Konfessionen ihr Eigenleben entfaltet. Die visionären Gedanken des Heiligen von Assisi über Gott, Natur, Seele, Tod und Welterlösung erweisen im Kontext des modernen naturwissenschaftlichen und ethischen Denkens ihre Tiefe und Aktualität.

Zeittafel

1181 (1182?)	Giovanni di Pietro di Bernardone wird in Assisi geboren; der Vater nennt ihn „Francesco“ (Franciscus).
1152–1190	Regierungszeit des Kaisers Friedrich I. Barbarossa
1181–1185	Pontifikat des Papstes Lucius II.
1190–1197	Regierungszeit des Kaisers Heinrich VI.
1193 (1194?)	Geburt Klaras von Assisi (Chiara di Favarone)
1194	Geburt Friedrichs II. in Jesi; Taufe und erste Erziehung in Assisi
1198–1216	Innocenz III. Papst
1202–1203	Einjährige Gefangenschaft des Franziskus in Perugia
1203–1204	Lange Krankheit nach der Rückkehr aus Perugia
1204/1205	Aufbruch nach Apulien; Rückkehr nach Assisi; erste Visionen
1206	Pflege der Aussätzigen; Vision des Crucifixus von S. Damiano
1207	Trennung vom Vater
1207–1208	Wiederherstellung von drei Kirchen bei Assisi
1208	Berufung zum Leben nach der Form des Evangeliums; Anschluß der ersten Gefährten
1209	Begegnung mit Papst Innocenz III. in Rom
1211	Klara von Assisi schließt sich der Bewegung an
1215	IV. Lateran-Konzil
1215–1216	Franziskus predigt in Mittelitalien
1217	Entscheidende Begegnung mit Kardinal Hugolino in Florenz; Ausbreitung der Bewegung nach Frankreich, Deutschland, Ungarn, Spanien, Marokko, Syrien
1219–1220	Orientreise des Franziskus
1220	Hugolino von Ostia Protektor des Ordens; Kaiserkrönung Friedrichs II. durch Honorius III. in Rom
1221–1222	Predigtreisen des Franziskus innerhalb Italiens
1223	Abfassung der dritten und endgültigen Ordensregel; Billigung durch Honorius III. („Regula bullata“)
1224	Vision des Seraphen auf dem Berg La Verna bei Bibbiena und Auszeichnung mit den Stigmata
1226	Tod des Franziskus bei der Portiuncula-Kirche; Bestattung in S. Giorgio
1228	Heiligsprechung des Franziskus durch Gregor IX.
1228–1229	Thomas von Celano verfaßt die erste Lebensbeschreibung des Franziskus
1230	Übertragung der Gebeine des Heiligen in die neuerbaute Grabeskirche; heimliche Bestattung unter der Unterkirche S. Francesco

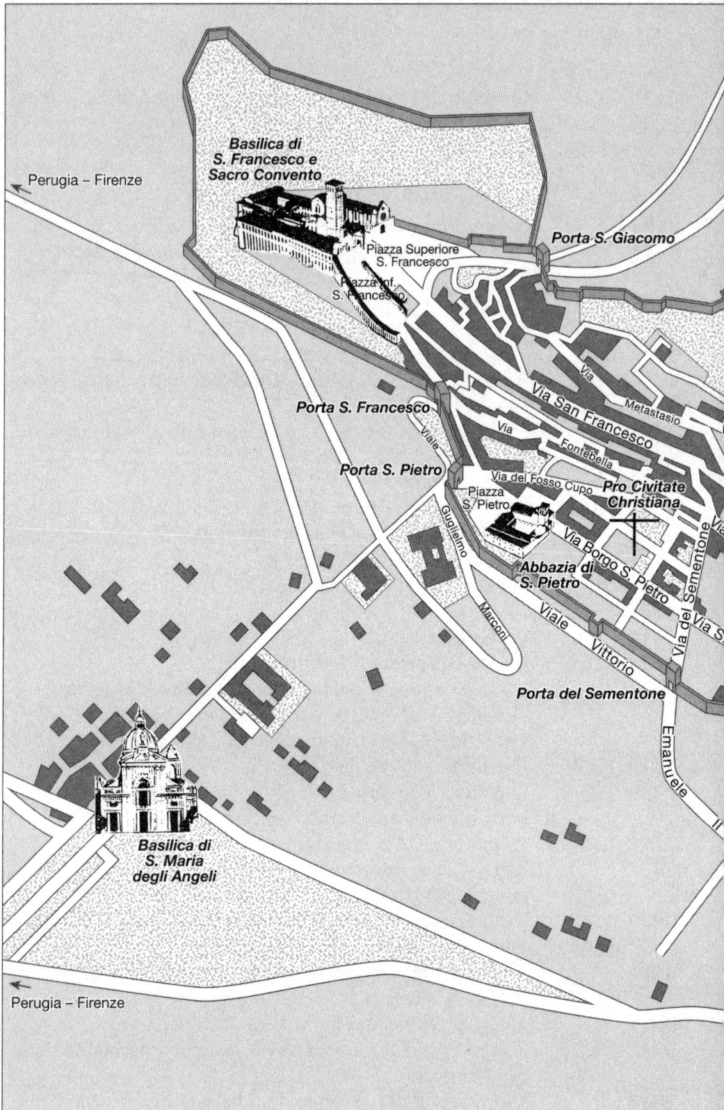

Perugia – Firenze
Basilica di S. Francesco e Sacro Convento
Porta S. Giacomo
Piazza Superiore S. Francesco
Piazza Inf. S. Francesco
Via
Via San Francesco
Metastasio
Porta S. Francesco
Viale
Via
Fontebella
Porta S. Pietro
Via del Fosso Cupo
Pro Civitate Christiana
Piazza S. Pietro
Guglielmo
Via Borgo S. Pietro
Abbazia di S. Pietro
Via del Sementone
Via S.
Marconi
Viale Vittorio Emanuele II
Porta del Sementone
Basilica di S. Maria degli Angeli
Perugia – Firenze

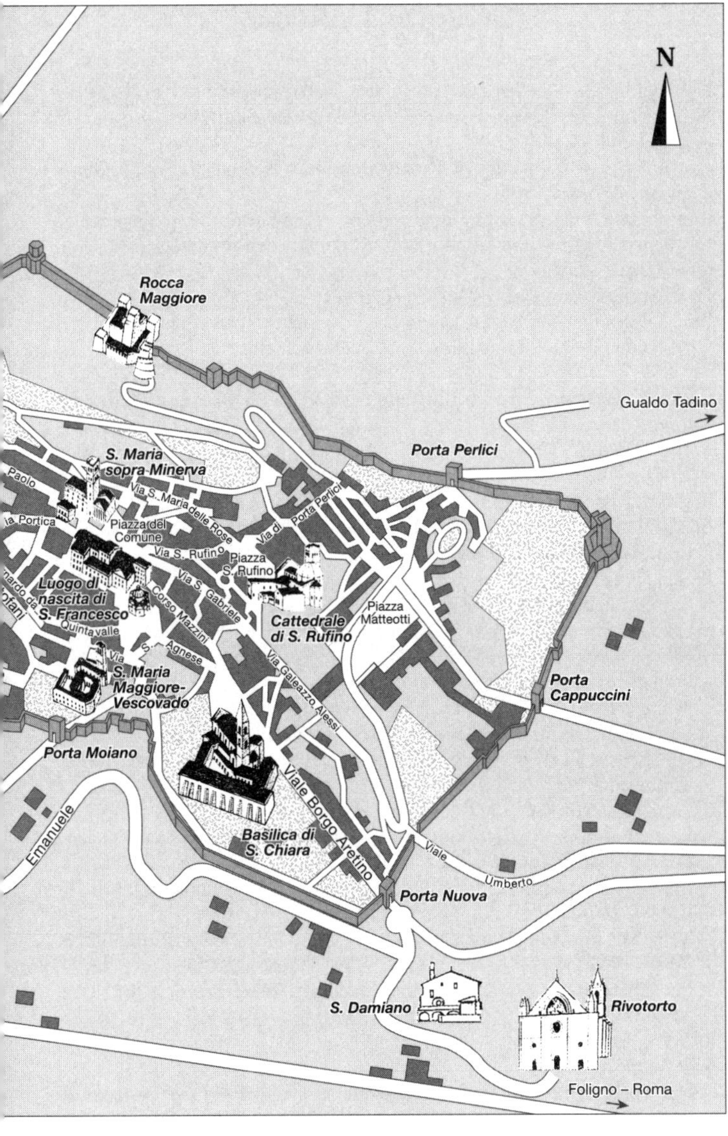

N
Rocca Maggiore
Gualdo Tadino
Porta Perlici
S. Maria sopra Minerva
Paolo
Via S. Maria delle Rose
Via di Porta Perlici
Via Portica
Piazza del Comune
Via S. Rufino
Piazza S. Rufino
Via S. Gabriele
Luogo di nascita di S. Francesco
Corso Mazzini
Quinta valle
Cattedrale di S. Rufino
Piazza Matteotti
Via S. Agnese
Via Galeazzo Alessi
S. Maria Maggiore-Vescovado
Porta Cappuccini
Porta Moiano
Viale Borgo Aretino
Emanuele
Basilica di S. Chiara
Viale Umberto
Porta Nuova
S. Damiano
Rivotorto
Foligno – Roma

Assisi

Quellen und Literatur

Die wichtigsten Quellen zum Leben des Franziskus und zur Frühzeit der franziskanischen Bewegung sind jetzt in kritischen Editionen versammelt in dem Band:
Fontes Franciscani, a cura di Enrico Menestò e Stefano Brufani, S. Maria degli Angeli/Assisi 1995.
Unentbehrlich bleibt weiterhin, vor allem wegen der dort enthaltenen ausführlichen Register und Konkordanzen, die Quellensammlung in italienischer Übersetzung:
Fonti Francescane, Padova/Assisi ^{4}1990.
Ein Teil der Quellen liegt in deutscher Übersetzung vor in der in Werl erscheinenden Reihe: „Franziskanische Quellenschriften".

Barfucci, Marino Bernardo: Il Monte della Verna. Sintesi di un millennio di vita, Arezzo 1982.

Bartoli, Marco: Klara von Assisi. Die Geschichte ihres Lebens, Werl 1993.

Berliner, Rudolf: Die Weihnachtskrippe, München 1955.

Bigaroni, Marino/Meier, Hans-Rudolf/Lunghi, Elvio: La Basilica di S. Chiara in Assisi, Perugia 1994.

Feld, Helmut: Die Totengräber des heiligen Franziskus von Assisi. Archiv für Kulturgeschichte 68 (1986), 319–350.

–: Franziskus von Assisi: Der „zweite Christus" (Inst. für Europ. Gesch. Mainz, Vortr. Nr. 84), Mainz 1991.

–: Franziskus von Assisi als Visionär und Darsteller, in: W. Haug, D. Mieth (Hrsg.), Religiöse Erfahrung, München 1992, 125–153.

–: Beseelte Natur. Franziskanische Tiererzählungen, Tübingen 1993.

–: Die Eingeschlossene von San Damiano. 800 Jahre Klara von Assisi, Tübingen 1993.

–: Franziskus von Assisi und seine Bewegung, Darmstadt 1994.

–: Elemente antiker Religiosität in den frühen franziskanischen Quellen. International Journal for the Classical Tradition 1/2 (1994), 23–36.

–: Erwägungen zur Mystik des Hochmittelalters. Rottenburger Jahrb. 14 (1995), 257–264.

–: Religiöse Idee und Darstellung des heiligen Franziskus. Rottenburger Jahrb. 17 (1998), 271–288.

–: Ein einzigartiger und unbekannter Heiliger. Bibel heute 138 (1999), 41–47.

–: Art. „Franziskus von Assisi", in: Metzler Lexikon Religion 1 (1999), 393–395.

–: Die Technik der „verdeckten Mitteilung" in den frühen franziskanischen Quellen, in: Munera Parva. Studi in onore die Boris Ulianich, Napoli 1999, I, 405–418.

–: Klara von Assisi. Armut und Verlobung mit dem höchsten König, in: Ders.: Frauen des Mittelalters, Köln u. a. 2000, 134–153.
–: Die Zeichenhandlungen des Franziskus von Assisi, in: Gerd Melville (Hrsg.): Institutionalität und Symbolisierung, Köln u. a. 2001, 393–408.
–: Franziskus von Assisi und die Mystik, in: Änne Bäumer-Schleinkofer (Hrsg.): Hildegard von Bingen in ihrem Umfeld – Mystik und Visionsformen in Mittelalter und früher Neuzeit, Würzburg 2001, 161–196.
Franz von Assisi. Mit Beiträgen von Gabriele Atanassiu u. a., Stuttgart/Zürich 1990.
Frugoni, Chiara: Francesco e l'invenzione delle stimmate. Una storia per parole e immagini fino a Bonaventura e Giotto, Torino 1993.
–: Franz von Assisi. Die Lebensgeschichte eines Menschen, Zürich/Düsseldorf 1997.
Horst, Ulrich: Evangelische Armut und päpstliches Lehramt. Minoritentheologen im Konflikt mit Papst Johannes XXII. (1316–34), Stuttgart 1996.
Kreidler-Kos, Martina: Klara von Assisi. Schattenfrau und Lichtgestalt (Tübinger Studien zur Theol. u. Phil., 17), Tübingen/Basel 2000.
Macini, Giulio: Lo Speco di Narni. Luogo inedito di S. Francesco, Narni-Terni 1989.
Manselli, Raoul: Nos qui cum eo fuimus. Contributo alla Questione Francescana, Rom 1980.
–: Franziskus. Der solidarische Bruder, Zürich 1984 (Nachdr. 1995).
Rotzetter, Anton: Klara von Assisi. Die erste franziskanische Frau, Freiburg u. a. 1993.
Sabatier, Paul: Vie de Saint François d'Assise, Paris 1931 ([1]1894).
Thode, Henry: Franz von Assisi und die Anfänge der Renaissance in Italien, Wien 1934 ([1]1885).
Wendelborn, Gert: Franziskus von Assisi. Eine historische Darstellung, Leipzig 1977.
Wolff, Ruth: Der heilige Franziskus in Schriften und Bildern des 13. Jahrhunderts, Berlin 1996.

Register